农村交通基础设施的收入效应及形成机理

——以西部地区为例

任晓红　著

科学出版社

北　京

序　言

　　我的童年是在中国西部农村度过的，离家最近的那条公路也需要步行足足 40 分钟才能到达。记忆之中，那是一条坑坑洼洼的土路，雨天很多地方泥浆会漫过解放鞋鞋帮，就连大客车也常常会陷入大坑和深深的车辙中。忘不了每逢雨季人们下车推车出坑的情景：全车的人不分男女老少全部下车，有人捡些石头填到坑中，然后驾驶员开足马力，壮年男士齐力推车——就是这样的路，在当时却是县城到离我家最近的乡政府和附近村庄最好的路，可以通车，而且比当时孩子们上学途中必经的那些随时可能滑入稻田、长筒水鞋可以陷入泥中大半截的田间小道不知要好多少倍。离开故乡多年，忘却了很多旧事，然而，那些泥泞道路的记忆时不时地会在心中飘来荡去，难以忘怀。2003 年送父亲的骨灰回老家安葬，方知村里来了石油队，公路被延伸到了村头。那天下着小雨，已经硬化成水泥路面的公路通行便利了，但到村子里的那段土路依然泥泞和颠簸，我们不得不下车步行。之后，几乎每年都会回到故乡给父亲扫墓，见证了尚未开通公路的邻村向在外工作的人凑款修路和这些村子双向一车道水泥道路的开通。路还在不断地延伸和被改良着，不少地方将原来的路扩为双向两车道，而我们乡镇到县城那条曾经泥泞的公路变成了柏油马路。然而，从我的父亲——村子里第一个考学外出的人开始，到年轻人纷纷南下打工、考学或参军等，许多人以不同的方式相继离开了村庄，加之村里留守老人相继过世或随子女到城里生活和带孙子辈，现在常驻村里的只有一对返乡从事副业的年轻夫妇和他们的父母了。随之而来的是，小时候和长辈一起为长防林工程栽的柏树长大了，曾经光秃秃的山丘变成了浓密的林海，但从前田间地头通畅的羊肠小道却长满了比人还高的荆棘和杂草，荒芜的农田越来越多，很多的民房已经垮塌。不少村庄开始土地流转，转包土地的农业公司来来去去，然而，真正用心做农业的又有多少呢？

　　农村交通基础设施的长期严重滞后在很大程度上与新中国成立到 2000 年之间，国家先后实施的城乡和区域间的非平衡发展战略是分不开的，在此期间广大农村地区，尤其是西部农村地区明显表现出交通基础设施投资不足、基础设施水平落后的状态，这在很大程度上制约了城乡和地区之间要素的平等交换和公共资源的均衡配置，加剧了城乡与地区之间的收入差距。然而，近 10 年来农村道路修建与改善的背后却是农村劳动力流出、农业空心化和农村空巢化日益严峻等现实。农村修路还能提高农民收入和振兴乡村吗？农村与农业的路在何方？

带着儿时的直观感受和这些年累积的疑问，受亚当·斯密（Adam Smith，1776）交通改良最有实效思想，以及国内刘生龙等学者主张道路和通信基础设施在长期和短期均能促进农民增收（刘生龙和周绍杰，2011；谢里等，2012），道路设施是除教育基础设施外能促进农村经济发展的最大动力（鞠晴江和庞敏，2005）等的影响，一个假设在心中越来越清晰，从农村交通基础设施这一视角或许能找到农民增收的突破点，为切实解决中国现阶段农民增收和"谁来种地"等一系列问题提供思路。于是，2013 年开始和团队成员一道着手搜集、思考和研究中国西部 11 省（区、市）（四川、云南、贵州、重庆、陕西、甘肃、青海、新疆、宁夏、内蒙古和广西，由于西藏的相关数据严重缺失因而未作分析）农村交通基础设施的收入效应问题及其背后的故事，本书是这些思考与研究成果的汇聚。鉴于农村交通基础设施主要由农村公路构成，本书立足于农村公路来探寻交通基础设施的农民增收效应。

在内容安排上，本书首先综合梳理与阐释了农村交通基础设施、经济增长和收入效应之间的三角联动关系及交通基础设施收入效应的形成机理，在此基础上，构建动力学模型论证并求解出能显著影响农民收入的交通网络临界密度区域和收入效应的作用机制，然后结合乡镇汇总面板数据模型和门槛面板模型等实证手段，从微观视角解读交通基础设施的农民收入效应。鉴于合理布局交通基础设施建设关乎区域均衡发展和城乡良性联动，且西部地区农村交通基础设施建设资金的筹措受到诸多因素的制约，因此本书还基于中央跨区域财政配置视角，探究央地财政关系对地方交通基础设施投资激励的影响，同时系统地梳理和分析了西部农村交通基础设施融资政策和适宜的农村交通基础设施发展政策构想。具体体现如下：

第一，系统地梳理和分析国内外交通基础设施对经济增长和农民增收的动力学内涵。

第二，从中国西部地区农村交通基础设施投资（流量）的合理性、规模（存量）的适宜性及交通基础设施与农民收入效应之间的因果关系视角综合调研、分析与评估交通基础设施的收入效应。

第三，构建微分动力学模型论证交通基础设施门槛效应的存在性，求出新增交通基础设施显著影响农民收入的交通网络密度临界区域的理论解。

第四，通过仿真实验讨论交通基础设施对微观经济主体产生显著影响的门槛值区间，找出能切实增加农民收入，符合农村现实与发展的农村交通网络密度，理论建模与数值模拟相结合以增强理论的可信度。

第五，测度交通基础设施的收入效应、作用机制及各省（区、市）合理的交通规模。交通基础设施的门槛值、溢出效应和农民增收效应的测度采用乡镇层面汇总面板数据及其相匹配的宏观数据，分解出交通基础设施存量和流量的贡献及其形成机制。

第六，分析与测度央地财政关系对地方交通基础设施投资激励的影响强度与方向。

第七，提出能降低交通投资盲目性和避免规划不到位产生浪费(适宜规模)的西部地区农村交通基础设施发展政策组合。

本书的顺利完成要感谢很多人和事。在成书之际，首先要感谢本书一系列研究的主要合作者张宗益、李森圣、侯新烁、王春杨、但婷和徐彩睿等。同时要感谢重庆交通大学的王方、钟昊君、王钰、何静、廖宏、段宏宇、刘凤、罗玉群、吴小文、郭晓彤、柳春花、乔娜和吴杰等，在我的组织和指导下，他们在数据和资料整理、书稿校对，以及完成相关研究的过程中为我提供了诸多帮助。这些研究(包括部分没有收录在此书的研究)发表在《产业经济研究》《交通运输系统工程与信息》《经济问题》《西部论坛》等杂志上，在此，要一并感谢这些杂志的编辑和审稿人。同时，还要感谢科学出版社的编辑，他们对本书进行了全面、细致的修改，编辑老师的严谨给我留下了极其深刻的印象。

此书的系列研究得到教育部人文社科基金项目"中国西部地区农村交通基础设施的收入效应及形成机理(14YJAZH064)"的资金支持，在此表示深深的谢意。

最后，要感谢家人给予我的大爱、教育、影响和帮助。感谢我的母亲和姊妹们一直以来对我的关爱、帮助和鼓励。感谢我的先生和女儿对我的爱护、理解和帮助，尤其要感谢我的女儿，这么多年一直让我非常地省心，从小到大还时不时地给我以督促和帮助。还要特别感谢我已逝世多年的奶奶和父亲，如果没有他们曾经对我无尽的大爱，以及从孩提时代就开始的教育、耳濡目染和言传身教，我在很大程度上很难克服重重困难，在企业工作10年之后，在孩子快上小学之时还毅然决然地选择参加全国研究生统一考试，并能在激烈的竞争中顺利考上重庆大学经济学专业硕士研究生，并最终获得了技术经济及管理博士学位，走上科研之路。父亲对我的影响极深，他用自己博大的胸怀、默默的付出、无以言表的慈爱和卓越的才华潜移默化地影响着我，成就了我坚韧、实诚、善良与不断进取的个性。父亲在为我们付出大爱的过程中燃尽了自己的生命，已然成为我今生最大的遗憾，从他身上我理解了蜡烛精神的真正含义……

要感恩的人和事还有很多……仅以此书献给所有关心和帮助过我的人。

目　　录

第1章　交通基础设施、经济增长与收入不平等

交通基础设施可以直接影响农民的收入，同时，因其网络效应和规模经济效应等原因，交通基础设施可以借助经济增长的中介作用间接地影响农民收入的增长。本章基于文献视角梳理与分析交通基础设施、经济增长与收入不平等三者之间的联动关系。

1.1　经济增长的源泉及交通基础设施的作用

1.1.1　影响经济增长的因素及其分类

影响区域经济增长的因素很多，早期的经济增长理论如亚当·斯密（Adam Smith，1776）主张分工引起的劳动生产率提高和资本积累是一国收入增加的途径，大卫·李嘉图（2013）强调，资本积累和资本主义生产发展的重要性，而新古典学派的创始人阿尔弗雷德·马歇尔（1965）强调资本家投资和企业家经营管理对增长的作用，约瑟夫·熊彼特（1990）则强调创新与企业家对经济增长的重要性。20 世纪60—70 年代，西蒙·库兹涅茨（1989，1999）将知识因素、生产因素和结构因素等视为经济增长的源泉，他在 1971 年诺贝尔奖获得者演讲中提出，现代经济增长是总产量和人口的快速的增加、生产效率的增长率、经济结构从农业生产占主导地位向制造业和服务业占主导地位的改变、社会结构和思维方式的转变、通信和运输技术改变引起的国家之间的相互依赖以及世界经济中的分化迹象等六个相互关联的方面。新古典经济增长理论奠基人罗伯特·默顿·索洛（Solow，1956）则将经济增长的源泉概括为劳动和资本投入的增加、由技术进步引起生产要素的生产率提高等三类，增长核算或增长原因分析之父爱德华·富尔顿·丹尼森（Denison，1962）将影响经济增长的因素具体化为：就业人数及年龄-性别构成、包括非全日制工作工人在内的工时数、劳动力教育年限、资本存量大小、资源配置的改进、规模经济和知识进展等，乔根森和格瑞利茨（Jorgenson and Griliches，1967）对美国的经济增长进行了研究，得出了人力资本和非人力资本投入是经济增长的主要根源，而生产率的作用并不显著

的结论。美国经济学家华尔特·惠特曼·罗斯托(2001)提出了经济增长阶段理论，其本质仍落到资本的积累上。20 世纪 80 年代以来，以罗默(Romer，1986)和卢卡斯(Lucas，1988)等为代表的内生增长理论认为，经济能够不依赖外力推动实现持续增长，内生的技术进步是保证经济持续增长的决定因素，因此，技术内生、人力资本和制度是经济增长的源泉。20 世纪 90 年代以来，内生增长理论通过构建定量模型分析 R&D 投入与经济增长之间关系，并对熊彼特的创造性毁灭做了重新探索等。从未来的发展来看，内生增长理论的发展将沿两个方向进行，其一是沿非线性动态模型路线进行，以更复杂的数学模型更精确地模拟现实经济世界；其二是计量检验的研究，包括引入更多变量、对变量进行调整以具有现实性、定性因素的定量化等。

　　从这些研究可以看出，在经济增长的影响因素中，资本、劳动和技术 3 类要素仅是区域经济增长的必要条件，原因是与区域经济相关联的条件和环境均可能影响区域经济增长。因此，不能把影响经济增长的因素等同于生产要素。本书结合现有研究成果，将影响区域经济增长的因素划分为两类：一类是直接进入生产过程的因素，即投入的生产要素，包括资本、劳动力、资源和技术等；另一类是形成生产环境的因素，包括硬环境和软环境。硬环境指基础设施条件和相关产业的布局条件等，软环境则包括经济制度、管理方式及组织形式等。基于现有研究，可以将影响经济增长的因素归结为生产要素和生产环境两类，具体如图 1.1 所示。

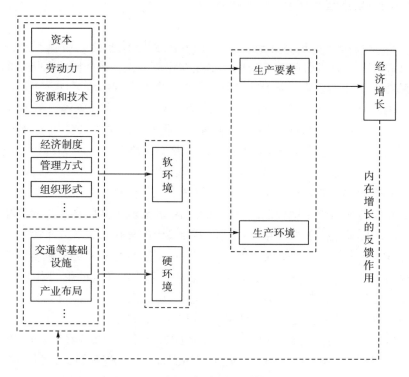

图 1.1　经济增长的影响因素及其分类

1.1.2　交通基础设施对经济增长的影响、前提条件及作用机理

交通基础设施对经济增长的影响是一个历史悠久且经久不衰的研究主题，从亚当·斯密开始至今，经济学家对交通等基础设施在经济增长中的作用都给予了极大的研究热情。20 世纪 50～60 年代，发展经济学家将基础设施视为经济增长的先行资本，20 世纪 80 年代末期以来，基础设施对经济增长的影响再次引起广泛关注，很多实证研究发现了基础设施对经济发展的极端重要性（Aschauer，1989）。

1. 交通基础设施对经济增长的影响

交通基础设施的增长效应包括直接运输投入效应和含乘数效应在内的间接效应，现有文献未严格区分。交通基础设施可以通过外部性和正负溢出效应影响经济增长（Boarnet，1998；荣朝和，2001；Banister and Berechman，2000）。普遍认为，交通基础设施能够促进经济增长（Smith，1776；Aschauer，1989；Démurger，2001；刘生龙和胡鞍钢，2010），但采用不同方法测度的产出弹性差距甚大，但总体支持正向影响（张学良，2012）。Aschauer（1989）测度的交通等基础设施对美国经济增长的贡献率为 0.3，Hulten 和 Schwab（1991）在 Aschauer（1989）的基础上，估计出美国在 1949—1985 年基础设施的产出弹性约为 0.42。Fan 等（2002）及刘生龙和胡鞍钢（2010）等发现交通基础设施对中国农村经济的产出弹性为 0.032，而张学良（2007）从空间溢出效应视角分析，得出交通基础设施对区域经济增长的弹性为 0.05～0.07，并指出，外地交通基础设施对本地经济增长以正的空间溢出效应为主。但也有不少研究发现公共基础设施负溢出效应的存在性（Boarnet，1998；Holl，2004），其对产业空间（Patricia et al.，2008）或农民收入的影响不显著（陈银娥等，2012）。此外，现有经验证据的多样性和异质性让交通项目对经济主体搬迁决定和土地利用的影响问题显得更为复杂，有很多问题亟待解决（Holtz-Eakin and Schwartz，1995）。从总体上看，针对中国农村交通基础设施投资影响农民收入的相关研究存在很强的地域特征，在中国的东西部地区比较显著，而在中部地区则不是很显著（毛圆圆和李白，2010），且不同等级的农村公路在东部和西部地区作用各不相同（吴清华，2014）。

2. 交通基础设施影响经济增长的前提条件

基础设施的贡献主要取决于其存量，当低于门槛值时几乎不产生影响，但一旦达到某一临界值时，其影响则可能非常巨大（Aschauer，2000；Baldwin et al.，2003；姚影，2009；黄寿峰和王艺明，2012）。换言之，交通基础设施需要形成一定的网络才能显著地影响区域经济增长（孙久文和叶裕民，2010），因此交通基础

设施的增长作用呈现显著的非线性动态变化趋势(黄寿峰和王艺明，2012)，交通路网的通达作用可能因基础设施投入数量的差异和经济水平不同导致极化效应，从而加剧收入不平等(Calderón and Chong，2004)。同时，交通基础设施的收入效应还受人力资本与地区经济发展水平(骆永民和樊丽明，2012)，劳动力占比，以及生产要素流动性(任晓红和张宗益，2013)等因素的影响，某个区域要素流动性的缺乏会阻碍收益地方化和要素集中(Banerjee et al.，2012)。然而，交通基础设施的增长效应也非永无止境，当一个地区或部门的交通基础设施存量达到某一极值后，继续投资会显著降低交通基础设施对经济的拉动作用(刘明等，2013)，甚至可能阻碍经济发展(Aschauer，2000)。交通基础设施存量是否达到门槛值与地区经济发展水平和区位条件等因素相关，东中西部地区经济发展和交通基础设施建设等差异使得各地区交通基础设施对经济和收入增长的影响有所不同(宋英杰，2013；董艳梅和朱英明，2017)，经济发展迅速的北京、上海等地区对交通基础设施的需求比中西部省份大很多，尚未达到第一个门槛值，表现出交通基础设施投资不足；而安徽、湖北、贵州、云南等中西部地区超过了第二个门槛值，表现出交通基础设施投资过度(刘明等，2013)。对中国的农村而言，农村交通基础设施作为改善农民贫困、提高农民收入的推动力(刘伦武，2006)，对农民收入的影响呈现显著的门槛效应和非对称性(袁伟彦和周小柯，2015)。

3. 交通基础设施对经济增长的影响机理

基础设施可以通过两种方式促进经济发展：一方面，基础设施可以作为一种投资直接促进经济增长；另一方面，由于大部分基础设施具有网络效应和规模经济效应，因此，可以通过提高经济生产效率进而间接地促进经济增长(刘生龙和周绍杰，2011)。具体来说，交通基础设施通过影响工资率和土地价格来影响劳动力和资本的流动(Alonso，1964；肯尼思·巴顿，2001)，改变区域离心力和向心力间的平衡，从而影响企业诞生(Krugman，1991；Holl，2004)，影响居民教育和社会经济机会的获取，从而影响落后地区的产出(Straszheim，1972)，以及通过扩大、深化产品和劳务市场(Gu and Macdonald，2009)，为个体用户提供更大的网络和降低成本(Macdonald，2008)。

1.2　收入不平等对经济增长的影响

收入不平等与经济增长之间的关系极为复杂。Kuznets(1955)提出经济增长与收入分配不平等呈倒 U 形关系假说，之后大量文献试图将其模型化并进行实证研究以检验二者之间的关系(Robinson，1976；Barro，1999；王小鲁和樊纲，2005；尹恒等，2005；周云波，2009)。不妨将收入不平等影响经济增长的研究结论归结为三类观点和四类机制。三类观点主要包括阻碍经济增长(Galor and Zeira，1993；Alberto and Dani，1994；Levine，2005；Mejia and St-Pierre，2008)，有利于经济增长(Pasinetti，1962)，以及利弊并存(Banerjee and Newman，1993；Galor and Moav，2004)；四类机制即指主张收入不平等通过影响投资与资本积累影响经济增长的信贷不完美模型(Aghion and Bolton，1997)，由经济均衡和政治均衡两种机制决定的政治经济模型(Alesina and Rodrik，1994)，主张因收入不平等引起的犯罪或暴动将妨碍经济增长的社会动荡模型(Grossman，1991)，以及从需求管理视角阐释收入不平等对经济增长影响的需求模型(Murphy et al.，1989)等四种模型(Kaldor，1955)。

中国的城乡收入不平等机制主要包括二元经济结构、维系二元经济结构的各类制度和政策、城市偏向的非均衡经济发展战略和政治权力不平衡与经济体制改革等(林毅夫等，1994；蔡昉和杨涛，2000；李实，2003；陆铭和陈钊，2004；Benjamin et al.，2005；Whalley and Zhang，2007)。

1.3　交通基础设施的收入效应

1.3.1　交通基础设施收入效应的强度和作用方向

交通基础设施除影响宏观的经济增长之外，还会影响微观的个人收入。针对包括农村交通在内的基础设施收入效应(减贫效应)的研究结论存在较大分歧，一些研究主张基础设施建设能缓解收入不平等(Estache et al.，2002；Lopez，2004；Calderon and Serven，2004)，而另外一些则主张基础设施建设会恶化农民的收入不平等问题(Banerjee and Somanathan，2007；Banerjee et al.，2012)。为弥合实证分歧，Raychaudhuri 和 De(2010)尝试开放经济分析框架，Chatterjee 和 Turnovsky(2012)用一般均衡模型发现收入不平等的时间路径对融资政策高度敏感，二者的相关性严重地依赖于外部性、分配决策与融资方式等。

主张交通基础设施具有减贫效应的研究认为，交通基础设施投资对农村经济的发展能够产生短期和长期两种机制不同的增收效应(谢里等，2012)。针对发展中国家的研究发现，基础设施的可获得性与家庭收入之间呈显著的正相关关系，人们到最近的硬化道路(或者到城市中心)所花费的时间越短，其陷入贫困的可能性越低(Gibson and Rozelle，2003)。Balisacan 等(2002)利用印度尼西亚的数据得出，公路通过经济增长对农民的收入产生显著的正向效应，其作用弹性为 0.05。Balisacan(2003)等利用菲律宾省际数据的研究发现，公路对农民财富具有较大的直接或间接影响，公路投资增加 1%，农民平均收入会增长 0.32%。改善中国农村道路基础设施对农民增收也具有显著的正向促进作用(刘生龙和周绍杰，2011)，对消除农村贫困非常有效(Fan et al.,2002),尤其是对贫困人口较多的西部地区,交通基础设施建设更加直接有效(张芬,2007)。1999—2008 年,中国农村交通基础设施投资对农民收入有明显的正向促进作用,东部和西部地区比较显著,其贡献率在 0.02~0.09 之间,而中部地区则不是很显著(毛圆圆和李白,2010)。交通基础设施建设有利于降低城乡收入不平等,交通基础设施每提高 1 单位,将使城乡收入差距降低 4.2%(或 7.6%)(黄乾等,2013)。公路交通设施投入的增加可以显著地降低城镇居民与总体居民家庭的收入差异(叶锐和王守坤,2011),公路和铁路里程的增加对城乡收入差距的总体影响较为显著,而其空间溢出效应则高度显著(童光荣和李先玲,2014)。

然而,不少研究发现,交通基础设施真实的减贫效应要比所预期的小得多,如 2004 年的世界发展报告曾指出,发展中国家的交通基础设施投资很难让农村贫困人口享受到真正的实惠。Diego(2006)甚至指出,交通网络更可能增加而不是减少地区之间或地区内部的不公平问题。

值得一提的是,由于中国的经济集聚对交通基础设施存在显著的空间依赖性(宋英杰,2013),中国农村基础设施投资对农民收入的弹性在区域间存在显著差异(毛圆圆和李白,2010),不同省份之间随着经济发展水平的提高,农村交通和信息类基础设施投资对农民工资性收入的边际作用呈倒 S 形特征,并最终发散(骆永民和樊丽明,2012)。1999—2008 年中国西部地区交通通信基础设施投资对农民收入的增长表现出显著的抑制性,这主要与西部地区交通通信基础设施落后有关,因而在实现农民增收时应先考虑交通通信设施的投资(陈银娥等,2012)。

1.3.2 交通基础设施影响农民收入的路径

基础设施在宏观层面上通过就业效应及公共支出构成、微观层面上通过价格及供给策略等影响贫困地区基础设施的获取机会来影响收入效应(Chisari et al.,1999;Estache et al.,2000)。道路基础设施的改善使个人更容易流动到其人力资本可以获得更高回报的地方(刘生龙和周绍杰,2011)。交通基础设施的可及性有助于贫困人口与现代经济活动中心取得密切联系,从而获得额外的生产机会(Estache,2003),农村公路投资可以增加农民的就业机会,增加农民的收入,缩小城乡差距(樊胜根等,2002)。首先,农村交通基础设施能通过帮助贫困人口获取额外的生产性机会(Estache,2003),降低生产和交易成本(Smith et al.,2001;任晓红和张宗益,2013;吴清华,2014),提升贫困地区物品价值(Jacoby,2000),改善非农就业机会(刘晓光等,2015;邓蒙之等,2011),以及提高农村工资(Fan and Zhang,2004)等直接提升贫困地区的收入。其次,农村交通基础设施可以通过改善贫困地区的教育和健康状况来提高就业机会和收入前景(Leipziger et al.,2003)。此外,农村交通基础设施可以通过交通基础设施拉动经济增长而产生的"涓滴效应"等间接增加贫困人口的收入(康继军等,2014)。

1.4　交通基础设施、经济增长与收入不平等的联动关系

通过上述分析可以发现,交通基础设施与经济增长、交通基础设施与农民收入、经济增长与农民收入之间均相互关联或互为因果,且中国交通基础设施发展与经济增长的相互作用呈现显著的非线性动态变化趋势。交通基础设施水平的提高是影响经济增长的重要因素,经济增长则为交通基础设施的发展提供了必备的经济基础;交通基础设施可以直接影响农民收入,也可以通过经济增长的中介作用间接地影响农民收入;经济增长和农民收入之间也存在相互的关联性或因果关系。本书侧重于对交通基础设施对经济增长产生的单向因果关系的讨论。交通基础设施、经济增长和收入不平等之间的三角联动关系具体如图 1.2 所示。

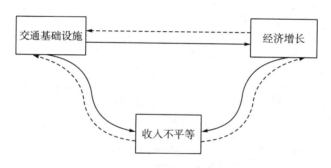

图 1.2　交通基础设施、经济增长和收入不平等之间的三角联动关系

1.5　本　章　小　结

本章梳理了"收入不平等—经济增长—交通基础设施"的三角联动关系,交通基础设施既可以作为一种投资直接地促进经济增长,同时也可以通过提高经济生产效率间接地促进经济增长。交通基础设施的收入效应也包括直接效应和间接效应两类,直接效应主要表现为交通基础设施的修建可以创造就业机会,直接增加农民收入,间接效应主要通过促进经济增长从而间接地增加农民收入。

鉴于交通改良最有实效,从交通基础设施建设视角无疑有助于寻找农民增收的突破点。然而,现有研究大多针对拉美等地的贫困区域,少数针对中国样本的研究为我们提供了良好的研究视角,但仅用存量或流量表征基础设施很可能低估交通基础设施的真实影响,因而有必要对交通基础设施的收入不平等效应进行再论证。此外,收入不平等对融资政策与方式的敏感性也值得探讨。因此,本书后

面的章节主要分析农村交通基础设施这种硬环境因素对农民收入的影响及其作用机理，重点关注收入不平等与交通基础设施建设，并植入经济增长中介变量(传导机制)。建构此研究范式，希望在理论上能够实现经济增长理论和收入不平等研究的新突破，扩延交通经济学研究的内涵，在应用上能有助于评估基础设施建设的收入增长效应和分配效应，以更好地展开基础设施建设投资(流量)的合理性和规模(存量)的适宜性两个维度的综合性评估。同时，考虑了西部11省(区、市)的区域异质性问题。以期为相应省(区、市)的农村交通基础设施建设力所能及地提供一定的理论参考。

第 2 章 交通基础设施收入效应的形成机理

本章从交通基础设施的根本属性着手，通过梳理交通基础设施通达性和外部性的相关研究和论述，系统探析交通基础设施收入效应的微观动力学内涵及宏观理论框架。

2.1 交通基础设施的主要属性

交通基础设施的属性主要包括经济属性、通达性、外部性、网络性和门槛特征等。下面分别对交通基础设施的主要属性进行归纳与总结。

2.1.1 交通基础设施的经济属性

1. 准公共品的概念

交通基础设施的经济属性主要是指其准公共品性。对准公共品的定义，迄今大体上有三类不同的表述(任俊生，2002)。

(1)准公共品是具有外部性(externalities)的私人品。劳埃德·雷诺兹认为，纯粹的私人品除具有消费的竞争性和排他性外，还具有消费上的独立性，即没有外部的或溢出的影响，而当某物品满足前两个条件但不满足第三个条件时，即为准公共品，这种外部性是指个人或厂家在经济中的活动，可能对不属于该价格系统的另一些人产生外部影响。

(2)准公共品是具有消费的竞争性但无排他性，或者具有消费的排他性但无竞争性的物品。植草益认为，私人品具有消费上的竞争性和排他性，公共品具有消费上的非竞争性和非排他性,将上述两种产品的四个属性列成矩阵交叉组合起来，便可得出准公共品的分类和特征，见表 2.1。

表 2.1 准公共品的分类和特征

物品		性质	特征
私人品		竞争性	排他性
公共品		非竞争性	非排他性
准公共品	I	非竞争性	排他性
	II	竞争性	非排他性

　　第Ⅰ类准公共品是具有消费的非竞争性和排他性的物品，如医疗、保险、教育等；第Ⅱ类准公共品是具有消费的竞争性和非排他性的物品，如垃圾处理和孤儿院、养老院等社会福利服务。植草益认为，第Ⅰ类准公共品由于具有排他性，因而有可能成为市场性物品；而第Ⅱ类准公共品由于不具有排他性，因而价格形成困难，只能采取免费供给方式。

　　(3)准公共品是俱乐部物品。Buchanan(1965)指出，有趣的是这样的物品和服务，它们的消费包含着某些公共性，在那里，适度的分享团体多于一个人或一家人，但小于一个无限的数目。公共的范围是有限的。这种介于私人品和公共品之间的俱乐部物品的消费特征是有限的非竞争性，在一定的消费容量下，单个会员对俱乐部物品的消费不会影响其他会员对同一物品的消费，然而一旦超过临界点，非竞争性就会消失，拥挤就会出现；局部的排他性，俱乐部物品对于俱乐部的全体成员来说是非排他的，但对于非会员来说则是排他的。

　　准公共品与纯公共品的根本区别在于其非纯性。这种非纯性或表现为准公共品的具体消费形式是个人直接消费与公众间接消费相统一(如私人花园)；或表现为准公共品同时具有公共品和私人品的特征(如有线电视信号)；或表现为准公共品的非竞争性和非排他性是有条件的(如公共游泳池)。但其作为公共品的共同特征是满足多人同时消费单位产品且边际成本不增、效用不减的条件。

　　2. 交通基础设施的准公共品性

　　依据公共品的特征和世界银行对交通基础设施的定义，交通基础设施是一种经济性基础设施，具有准公共品性。这一点可以从曼昆对经济物品的分类中得到佐证，如图2.1所示。

	竞争性	
	是	否
排他性 是	私人产品 冰激淋蛋糕 衣服 拥挤的收费道路	自然垄断 消防 有线电视 不拥挤的收费道路
排他性 否	共有资源 海洋的鱼 环境 拥挤的不收费道路	公共物品 国防 知识 不拥挤的不收费道路

图2.1　曼昆对经济物品的分类[①]

---

① 资料来源：曼昆. 经济学原理(第四版)[M]. 梁小民, 译. 北京: 北京大学出版社, 2009.

从图 2.1 可以看出，拥挤的道路可以是公共物品也可以是共有资源。如果道路不拥挤，一个人用道路就不影响其他任何一个人。在这种情况下，使用没有竞争，道路是公共品。但如果道路是拥挤的，那么道路的使用就会引起负外部性。此时，一个人开车上路时，道路就变得更为拥挤。在这种情况下，道路是共有资源，交通基础设施在一定条件下具有非排他性。非排他性是指公共品一旦得以提供，某个人消费这一公共品时，不能排除其他人也消费这种物品，或排斥别人消费很困难，要为此付出很高的代价。非排他性表现在以下两个方面：第一，在技术上不易排斥众多受益者，如国防产品；第二，虽然在技术上可以排他，但排他成本十分高昂，以致在经济上不可行。交通基础设施通常是供社会公众所共享，即基础设施的使用一般具有共享性，一个人在使用某个基础设施或享用基础设施服务时不能对其独占，而排除其他人对交通基础设施的使用，或者排除其他人的使用要花费高昂的成本。当然，价格非排他的交通基础设施，在技术和经济上有时也具有排他性，如收费桥梁、收费公路等，因此，交通基础设施的非排他性的存在是有一定的约束条件的。李海东(2004)、徐科(2007)和姚影(2009)均认为交通基础设施具有准公共品性。

根据以上的分析，我们认为一个区域的交通基础设施具有有限的非竞争性或有限的非排他性，是介于公共品和私人品之间的准公共品。

2.1.2　交通基础设施的通达性

交通基础设施能够提高通达性(任晓红，2010)。通达性又称可达性或易达性。通达性思想在古典区位论里就有体现，在杜能的农业区位论和韦伯的工业区位论中，都暗含大量的通达性思想。通达性的概念最早是由 W.G.Hansen 于 1959 年提出的，他将通达性定义为交通网络中各节点相互作用机会的大小。在人文地理学里，通达性被用来解释社会现象的空间变化，如城镇的增长、服务设施的选取、土地利用的空间结构变化等(Johnston，1994)。杨家文和周一星(1999)认为，通达性是指一个地方能够从另外一个地方到达的容易程度。一般地，通达性是指利用一种特定的交通系统从某一给定区位到达活动地点的便利程度。在区域范围内，通达性反映了某一区域与其他区域之间发生空间相互作用的难易程度。通达性的主要特征总结为以下几个方面：

第一，具有空间特性。交通基础设施的通达性反映的是空间实体之间克服距离障碍进行交流的难易程度，因此与区位、空间相互作用和空间尺度等概念紧密相关。在空间意义上，交通基础设施的通达性表达了空间实体之间的疏密关系。

第二，具有时间特性。空间实体相互作用或接近经济活动中心主要是通过交通系统来完成，时间是交通运输中最基本的阻抗因素，交通成本在很大程度上依赖于通行时间的花费，因而通常用时间单位来衡量空间距离。

第三，通达性反映了交通节约的经济价值，通达性水平越高，区位的经济价值越明显，吸引力也越大。通达性的提高主要体现为货币和时间节约的经济价值，这主要与交通设施的容量和速度有关。

度量通达性的指标很多，主要有距离度量法、拓扑度量法、重力度量法及累积机会法等(Pirie，1979)。杨家文和周一星(1999)认为，随着通达性应用领域的扩展，其度量方法也发生了一定的变化，从以距离衡量过渡到较为抽象的以机会来衡量的通达性，感知距离也常被用来取代实际距离。陈静云(2009)分析了我国常用的几种通达性评价方法的优缺点，具体见表2.2。

表 2.2　几种常用的通达性评价方法比较

方法	定义	优点	缺点
最短路径	交通网络中从一个节点到其他所有节点的最短路径	计算简单	仅考虑了客观的路程和距离，没有考虑现实的经济、时间上的差别
分散指数	所有区域内节点之间的最短路径之和	反映了区域内交通聚集与分散的程度	没有考虑区域内各节点的面积和节点本身稀疏程度的影响
最短时间	表示某节点到区域网络内其他节点的最少运行时间的总和	考虑了交通的路况和通达性的现实意义	没有距离衰减，距离的长短对通达性的计算贡献不大
相对通达性	根据区域各节点的差异采用标准化处理得到的相对意义的数值	较好地反映了各节点之间的相互比较关系	没有反映现实的数值意义，过于抽象

2.1.3　交通基础设施的外部性

交通基础设施的外部性实际上就是指交通基础设施的溢出效应。交通基础设施和信息基础设施对我国的经济增长有着显著的溢出效应(刘生龙和胡鞍钢，2010)。围绕基础设施的外部性是否存在，经济学界并没有得出一致的结论。早前的一些发展经济学家证实了基础设施存在外部溢出效应(Young，1928；Rodan，1943；Hirschman，1958)。Romer(1986)、Lucas(1988)和 Barro(1990)通过内生增长模型从理论上支持了基础设施存在对经济增长的正外部性。后来的一些研究者主要从基础设施是否对全要素生产率产生正向的促进作用来判断基础设施的外部性存在与否。一些研究者发现基础设施存在对经济增长的正外部性(Nishimizu and Hulten，1978；Hsieh and Chang-Tai，1999；Hulten et al.，2006)；而另外一些研究者则发现基础设施对经济增长的正外部性并不明显(Hulten and Schwab，1991；Young，1995；Hulten and Schwab，2000)。基础设施主要通过两种途径来促进经济增长：一方面，它是一种投资，能够直接促进经济增长，如在支出法国内生产总值账户中；另一方面，基础设施尤其是一些经济性的基础设施具有规模效应和网络效应(World Bank，1994)，这种效应既可以通过提高产出效率促进经济增长，又可以通过引导发达地区对落后地区经济增长的溢出效应来促进经济增长。

外部性是一个人的行为对旁观者福利的影响，如果对旁观者的影响是不利的，就称为负外部性，如果这种影响是有利的，就称为正外部性（曼昆，2009）。外部效应的施加者没有为其影响付出相应的成本或获得相应的收益，某些效益被给予或某些成本被强加给未参与这一行为的人。交通基础设施的外部性导致要素的实际收益率或收益预期发生变动，进而引起经济活动区位的变动。

肯尼思·巴顿（2001）认为，运输以 3 种方式对环境造成负外部性：运输基础设施附近生活、工作和娱乐空气污染及废弃车辆堆积；存在超越界限的影响，如排放物会引起酸雨，海运溢出物会影响运输活动本身以外一定距离的水域；运输引起全球变暖等环境问题。依据 Hayter（1997）所论述的，环境是一个重要的区位条件。而 Stafford（1983）则将环境因素作为工厂选址的重要因素之一。因此，运输带来的环境问题会对经济活动的区位产生一定的影响。尤其是对高技术产业会产生一定的影响，具体见表 2.3。此外，运输也会对房地产等产业产生一定的影响，因为这不是本书的研究重点，故不做详细论述。

表 2.3　影响高技术工厂及其他类型工厂选址的因素

序号	高技术工厂	其他类型工厂
1	劳动力	劳动力
2	运输工具的可获得性	接近市场
3	生活质量	运输工具的可获得性
4	接近市场	接近原料
5	公用事业	公用事业
6	位置特征	规制
7	交通特征	生活质量
8	商业环境	商业环境
9	税收	位置特征
10	开发组织	税收

资料来源：Environmental protection and industrial location. Annals of the Association of American Geographers. 1985.

然而，运输在造成环境侵扰的同时，使许多人能更随意地旅行和更便宜地运送货物，这就是交通基础设施正外部性的表现之一。对交通基础设施正外部性的研究很多，如交通基础设施对经济增长的影响、对房地产的影响、对运输成本的影响等。这里着重分析交通基础设施因降低拥挤性而产生的正外部性。

如果一个地区不改善交通基础设施，势必造成交通拥挤，而过度的交通拥挤会造成无谓的损失，如图 2.2 所示。其中，AC 代表在每一交通流量水平下拥挤的平均成本，MC 代表外加车辆给原有流量带来的成本，换而言之，AC 与 MC 表示旅行中公路使用者承担的全部时间成本和货币成本，二者在一定意义上反映了公路使用者的社会成本, 最优流量在 MC 和需求相等的成本 F_0 处取得。从社会的视角看, 第 F_a 个驾车者只享有 F_aB 的利益, 但强加的成本为 F_aA, 因此, 实际流量 F_a 过大, 超出最优水平 F_0 外加的交通量造成无谓的福利损失 ABC。

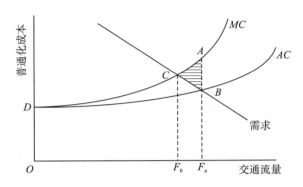

图 2.2　过度交通拥挤造成的无谓损失

实证方面, 英国工业联盟在 1988 年对拥挤造成的时间浪费总成本做定期的粗略估计得出, 商业交通每年大约损失 150 亿英镑。更为严格的方法是考虑损失的旅行时间机会成本。Newbery(1990)估计不同类型公路的边际拥挤成本价值, 在 1989—1990 年约为 127.5 亿英镑。因此, 从总体上, 交通拥挤造成的损失较大。

通过上述分析, 交通基础设施外部性对经济活动区位的影响取决于其负外部性与拥挤成本之间的权衡, 交通拥挤造成的无谓损失通常大于其产生的负外部性。

2.1.4　交通基础设施的网络性

1. 交通基础设施的网络经济性

荣朝和(2001)系统地阐述了运输业规模经济(economies of scale)、范围经济(economies of scope)和网络经济的概念及其相互联系, 并指出运输业的网络经济(economies of network)具体是指在运输业规模经济与范围经济的共同作用下, 运输总产出扩大引起平均运输成本不断下降的现象。而这种网络经济又是通过运输业规模经济和范围经济的转型, 即运输密度经济和网络幅员经济共同构成的。运输密度经济是指运输网络内设施与设备的使用由于运输产出扩大引起平均生产成本不断下降的现象; 网络幅员经济则是指运输网络由于服务对象增加使总产出扩大引起平均成本不断下降的现象。运输业的规模经济是指随着网络上运输总产出的扩大, 平均运输成本不断下降的现象。运输业规模经济具体表现为如下 6 个方面。

(1)线路通过密度经济: 在某一条具体线路上由于运输密度增加引起平均运输成本不断下降的现象。

(2) 特定产品的线路通过密度经济：某一特定运输产品产出扩大引起平均运输成本不断下降的现象。

(3) 港站 (或枢纽) 处理能力经济：运输网络上港站吞吐及中转客货量、编解列车、配载车辆、起降飞机、停靠船舶等能力的提高引起平均成本逐渐降低的现象。

(4) 载运工具载运能力经济：单个载运工具的运量增加引起平均运输成本逐渐降低的现象。

(5) 车 (船、机) 队规模经济：同一经营主体掌控的载运工具数量增加引起平均运输成本逐渐降低的现象。

(6) 运输距离经济：随着距离延长平均运输成本不断降低，即递远递减现象。

运输业的范围经济是指与分别生产每一种运输产品相比较，共同生产多种运输产品的平均成本可以更低，这可以是指某一运输企业的情况，也可以是指某一运输网络或网络某一部分 (如线路、节点、车辆车队等) 的情况。但运输业的网络特性使其规模经济和范围经济变得十分复杂，在运输业这个特殊的多产品行业中规模经济和范围经济常常交织在一起，几乎无法分开，共同构成运输业网络经济。各种网络经济特性之间的相互关系如图 2.3 所示。

运输规模经济与范围经济的划分	运输密度经济与网络幅员经济的划分	运输业网络经济的具体表现	
规模经济	运输密度经济	线路通过密度经济	特定产品的线路通过密度经济
			多产品的线路通过密度经济
		港站 (枢纽) 处理能力经济	
		载运工具载运能力经济	
		车 (船、机) 队规模经济	
范围经济	网络幅员经济	线路延长	运输距离经济
		服务节点增多	由于幅员扩大带来的多产品经济

图 2.3　交通运输业网络经济特性之间的关系

王先进 (2004) 分析了公路交通基础设施的网络经济性并指出，公路基础设施只有形成网络，才能拥有最大的通达性和通过能力，才能发挥最大的使用效率。李海东 (2004) 研究了高速公路的网络经济性并指出，联通成网络状的高速公路比单纯连接两地的高速公路具有更显著的经济效益。

在交通基础设施的规模经济、范围经济和网络经济中，网络经济效应居于基础地位，影响和制约着规模经济、范围经济。在区域范围内，随着节点的增加，交通基础设施将呈现网络结构，在这一网络中的任意两点之间都可以建立联系，提高区域内交通的便捷性。

2. 交通基础设施网络经济效应的产生机理

交通基础设施是一种网络基础设施，具有明显的网络性特征，只有形成网络，才能拥有更强的通达性，进而发挥更大的使用效率。网络型基础设施是指在所研究的空间范围内引起、支持经济要素在各区域之间转移的基础设施，其核心内容是作为一种通道，运输经济要素(信息、原材料、能源、劳动力等)从一个区域流向另一个区域，实现经济要素的空间移动。这类基础设施接近于生产性基础设施，客观上能使各区域之间连接成一个整体，是各区域间经济活动和区域相互作用联系的纽带。此外，随着交通网络的不断发展，提供服务的平均成本有降低的趋势，服务的有效性有增强的趋势。

假设区域范围内有 N 个节点，任一节点与其他节点均有交通线路连接，每条线路运输量为 1 单位。当节点数为 N 时，总运输量为 $Q = N(N-1)$ 单位。每增加一个节点，总运输量将比原来增加 $2(N-1)$ 单位(这里不考虑随着节点增多可能产生的拥挤性)。由于运输的网络经济效应，随着交通网络的完善，会形成大小不同的轴心，从而使区域呈现层次性的特点。这种网络联系越多，从网络某一节点到其他任一节点的便利性也会越高。而网络经济效应的存在，主要是因为每一个网络节点可以增加其他网络节点的联络通道，提高人流、物流、信息流的输送能力和效率；同时网络本身具有自强化功能，能够进一步增加网络容量和拓展网络范围(姚影，2009)，具体如图 2.4 所示。

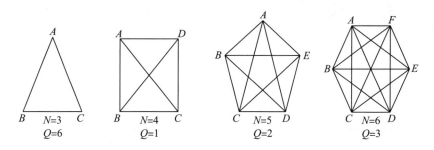

图 2.4　交通网络基础设施效应产生机理示意图

2.1.5　交通基础设施的门槛特征

门槛是指事物发展过程中的一个界限、一个限度或一个临界值，当事物的发展要跨过或超越这个值的时候，其发展规律就会发生一个突变。门槛理论是波兰的Malisz(1963)在研究城市空间变化时提出的。Malisz 从门槛分析的角度把资源分为两类：一类是容量随资源的增加成比例逐渐递增；另一类是容量只能跳跃式增加。

区域交通基础设施具有门槛特征。交通基础设施需要巨额投资，投资具有不可分性(徐科，2007)。交通资本流动性差，从存量资本的流动性看，交通基础设施具有较强的凝固性。从长期看，区域交通基础设施的供给有明显的门槛特征。

首先，区域交通基础设施产品的提供一般要求有一定的最低投资规模。交通基础设施建设的内容多、投资大、周期长且须全部建成后才能发挥作用。

其次，交通基础设施资产具有专用性，大部分交通基础设施一经建成就会持续相当长的时间，在短时间内难以挪作他用；交通基础设施对于空间、地域具有极强的依附性，在空间、地域上具有不可挪用性。交通基础设施产品的投资成本具有沉淀性，一旦投资建成后，不能挪作他用，基本没有残值，同时作为不动产，交通基础设施在土地上具有固着性，城市交通基础设施的建设与土地的利用直接相关，并且直接影响周围土地的价值。其带来的周边人流、物流的合理增加，使其周围的土地价格、房产价格上涨，使其附近或相关的其他行业的经济效益大增。因此，区域交通基础设施的生产成本在长期变动中呈现典型的门槛特征。

2.2　交通基础设施收入效应的形成机理

通过上文的分析可知，交通基础设施具有准公共品性、通达性、外部性和网络性等特征，从而使交通基础设施对经济活动的空间分布具有内生性的影响。同时，无论是成本学派、市场学派，还是新经济地理学派均主张成本、收益与利润在产业区位选择中的重要性，这意味着作为重要区位因素的交通基础设施对经济活动空间分布的影响过程必然伴随着要素实际收益或收益预期的变动，进而诱发要素在空间上流动这一事实。本节将从交通基础设施的微观动力学内涵和宏观分析框架两个视角探讨交通基础设施收入效应的形成机理。

2.2.1　交通基础设施的微观动力学内涵

1. 源自交通基础设施外部性的收入效应

围绕基础设施的外部性是否存在，经济学界并没有得出一致的结论。早前的一些发展经济学家证实了基础设施存在外部溢出效应(Young，1928；Rodan，1943；Hirschman，1958)。Romer(1986)、Lucas(1988)和Barro(1990)通过内生增长模型从理论上证实了基础设施存在对经济增长的正外部性。后来的一些研究者主要从基础设施是否对全要素生产率产生正向的促进作用来判断基础设施的外部性存在与否：一些研究者发现基础设施存在对经济增长的正外部性(Nishimizu and Hulten，1978；Hsieh and Chang-Tai，1999；Hulten et al.，2006)；而另外一些研究者则发现基础设施对经济增长的正外部性并不明显(Hulten and Schwab，1991；

Young，1995；Hulten and Schwab，2000)。

2. 农村交通基础设施空间溢出效应对收入不平等的影响机理

交通基础设施的溢出效应主要体现在两个方面：一方面，交通基础设施加速生产要素流动，提高就业率，促进区域经济一体化，实现发达地区与落后地区的资源优势互补，产生正向溢出效应；另一方面，交通基础设施的改善会改变一个地区的可达性和吸引力，促使落后地区的生产要素向发达地区流动，从而导致贫困地区因生产资源减少而减缓经济增长速度，最终更加提升经济发达地区先进的科技、丰厚的资本和充沛的劳动力等竞争优势，给落后地区的企业市场带来冲击，产生不利影响，即产生负向溢出效应。交通基础设施对不同区域的影响是不同的，如交通基础设施的改善会引起生产要素向优势区域集聚，此时交通基础设施对优势区域产生的正向空间溢出效应是以对落后区域产生负向空间溢出效应为代价的。随着区域间集聚效应和扩散效应的变化，交通基础设施对某一区域经济的溢出效应也会发生变化，在某一阶段可能为正，在另一阶段可能为负，交通基础设施的空间溢出效应是动态变化的(李逢岳，2013)。

交通基础设施的空间溢出效应源于交通基础设施的空间依赖性及其公共品属性，而对于农村收入不平等效应的影响主要从空间溢出效应对城乡收入差距和区域间收入差距的影响两个方面来考虑。Henderson(2002)认为，良好的基础设施投资计划有利于提高城镇化水平，减小城市贫困人口数量。Fan 等(2002)认为，基础设施对消除农村地区的贫困效应非常有效。林毅夫(2000)认为，我国农村经济发展缓慢的主要原因是农村基础设施投资建设落后。Boarnet(1998)利用 1968—1988 年美国加州所有县交通运输投资与经济发展的关系发现，本地公路基础设施水平的提高会给其他地区的产出带来不利影响，验证了美国的交通基础设施存在负向溢出效应。童光荣和李先玲(2014)通过构建交通基础设施对城乡收入差距产生影响的空间杜宾模型，认为中国绝大多数地区公路里程数增加，会对相邻地区城乡收入差距产生负向空间溢出效应。Berechman 等(2006)指出，通过扩散效应，交通基础设施表现为正向空间溢出效应，通过集聚效应，对落后区域会产生负向溢出效应。

3. 源自通达性的收入效应和经济活动区位变动

产业区位理论中，运输成本是十分重要的区位要素。费特尔(Fetter，1924)根据成本和运费的不同假定，得出贸易区的边界是由该区产品的单位生产成本和单位运输成本之和决定的。韦伯的区位模型由运输和要素成本决定(Weber，1929)。廖什主张产品的需求取决于价格、需求强度、市场半径及每单位距离产品的运输成本。近年来，新经济地理学模型重新强调不完全竞争、运输成本、市场规模和规模经济在解释产业区位中的重要性(Krugman，1991)。

任何交通网络都有输送和集散两种显著的功能。输送任务主要是在交通网络的干线上完成，而集散功能则主要在网络的节点上完成。前者突出规模性，以降低运输成本为指向，后者则是突出吸引性，以扩大吸引面积为指向。因此，通达性直接与运输成本和通勤成本相关联，通达性的改变能影响要素的边际生产力和厂商使用要素的边际成本，影响各种经济要素在时间和空间上的互相接近程度，进而能直接或间接地影响要素的实际收益，因此，一个地区的通达性对该地区经济活动的空间分布会产生重要的影响。

1) 通达性对产出和市场范围的影响

运输成本对每个企业提供服务的市场范围具有重要的作用。假如工厂的位置选定，则运输成本可以决定售出的货物总量、货物的价格及货物的空间分布。Van 和 Ruijgrok 设计了侧重于运输的区位模型。Van 和 Ruijgrok 的模型将运输需求视作来自最终产品的需求，且所有的供给和需求曲线均是线性的，运用与经济惯例相反的方式处理相关函数，其价格取决于需求。起初，企业生产单一的产品供应给居住在离企业所在地有一段距离的某一顾客。当供需市场均衡时，存在：$P^s = a_0 + a_1 Q^s + P^t$，$P^d = b_0 - b_1 Q^d$，$Q^d = Q^s$，$P^d = P^s$。其中，$P^s$ 是商品的供给价格；P^d 是商品的需求价格；Q^s 是商品的供应量；Q^d 是商品的需求量；P^t 是运至顾客手中的每单位商品的不变运输成本，视作由供应者负担的成本。对上述方程进行运算后，得出利润最大化的供应量 Q^e：

$$Q^e = \frac{b_0 - a_0}{a_1 + b_1} - \frac{p^t}{a_1 + b_1} \tag{2.1}$$

通过式 (2.1) 可以发现，运输成本对追求利润最大化的企业应该提供的产品数量产生负面影响，这意味着，如果 $P^t = 0$，则均衡产量将增长 $P^t / (a_1 + b_1)$。由此，还可以得到应由顾客负担的均衡价格 P^e：

$$P^e = \frac{a_1 b_0 - a_0 b_1}{a_1 + b_1} + \frac{b_1 P^t}{a_1 + b_1} \tag{2.2}$$

式 (2.2) 表明，运输成本把均衡价格提高了 $b_1 P^t / (a_1 + b_1)$。运输成本对 Q^e 和 P^e 产生的效应如图 2.5 所示。

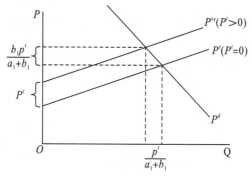

图 2.5　运输成本对 Q^e 和 P^e 产生的效应

纵轴表示顾客支付的每单位最终产品的价格，横轴表示售出的货物数量。引入运输成本因素使供给曲线从 $P^s(P^t=0)$ 上升到 $P^s(P^t>0)$。显然，运输成本上升会推动最终价格上升和减少销量。确切的影响不仅取决于 P^t 的量值，而且取决于供给和需求弹性——较大弹性使运输成本对价格的影响增大。

当潜在的消费者均匀地分布在生产地的周围时，为了估计服务的市场范围，先假设相同的个人以相等的距离居住在可直达供应地点的道路两旁。顾客面对的价格由两部分组成：一部分是反映生产成本的固定工厂价格；另一部分是依据消费者居住地距生产厂商的距离而定的可变运输成本。根据假设，由于每个消费者显示出相同的需求反应，因此是成本中的运输部分决定着每个顾客的购买数量。在该企业市场范围的边缘，对边际顾客的供给量变为零（当 $P^t=a_0-b_0$ 时将发生这种情况）。在这一极限达到之前，如果有 j 个消费者得到服务，那么，从式(2.1)可得出企业的总销售量 Q^T 为

$$Q^T = \sum_j Q_j^e = j\left(\frac{b_0-a_0}{a_1+b_1}\right) - \sum_j P_j^e\left(\frac{1}{a_1+b_1}\right) \tag{2.3}$$

在式(2.3)中，Q_j^e 表示对第 j 个顾客的销售量。

用该方法可推导出由企业提供服务的整个地理区域的销售量，具体如图 2.6 所示。

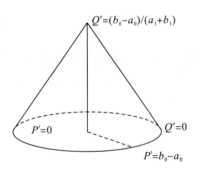

图 2.6　运输成本对市场区域的影响

在图 2.6 中，纵轴代表对每个顾客的供给量。假设消费者均匀分布在企业附近的平面上，售给一个消费者的销售量从很高水平 $Q^e=(b_0-a_0)/(a_1+b_1)$（在供应点最近地区，那里的运输成本为零）一直降到零（此时的运输成本过大），则销售量可通过计算圆锥体来度量：

$$D = b\pi\int_O^R (P+T)\,\mathrm{d}T \tag{2.4}$$

式中，D 是被视为剔除厂价的船上交货价格函数的总需求；b 是一个正方形上的人口密度的 2 倍，沿着其中一条边运输 1 单位的商品，耗费 1 单位货币；P 是船上交货的净厂价；T 是由工厂到顾客的单位货运成本；R 是可能的最高运输成本。

上述有关销售量、价格及生产的市场范围与运输成本关系模型的某些假设可被放松，如允许人口密度变化和消费者偏好多样性等。尽管放宽假设增加了分析的复杂程度，但同样得出了运输成本是决定企业的市场地域规模和企业销售总量的根本因素。而且，只要运输的改善会增大市场范围，生产企业就可以利用制造业的规模经济，这与亚当·斯密对此问题的认识具有一致性。

此外，传统模型假定仓储和运输之间存在交替关系，仓储成本随着仓库数量的增加而提高，而在商品通过量不变的情况下，运输成本则呈下降趋势。仓库的最佳数量由仓储和运输的综合成本的最小化所决定（图 2.7 的 Q_w）。然而，近年来的研究发现，市场范围与生产单位服务范围的关系较小，而与货栈、仓库服务范围的关系较大。运输技术和信息系统的改变，加上高价值、低质量制成品在经济中的重要性提高，产生新的实物分布系统（Mckinnon，1989）。因此，近年来主张仓储成本的变化服从平方根法则（安全和循环存货的需要与系统中仓库数量的平方根有关），即从有 10 个仓库的系统改为一个完全集中化的系统，将减少 68% 的库存需要，这为企业减少仓库数量并缩小每个仓库服务的市场范围提供了支撑。

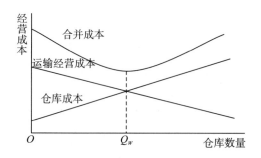

图 2.7 运输与仓库经营成本之间的交替关系

2）产出和市场范围变化对经济活动空间的影响

依据市场区位理论，大多数工业区位选择在能够获取最大利润的市场区域，区位的最终目标是寻取最大利润地点，通达性的提高伴随着运输成本的降低，而运输成本的降低会在本质上引起要素实际收益率发生变动。因此，通达性通过对产出和市场范围产生影响最终成为工业区位的决定因素。

3）通达性对土地价值和土地利用的影响

（1）通达性通过对城市土地价值（通常以土地租金来表示）产生影响来影响经济活动的空间分布。不少区位理论学者分析了距离（可用来表达通达性）对土地价值的影响及由此引致的经济活动空间分布的变动。

杜能（1986）的地租模型最早探析了距离对土地租金的影响。在杜能地租模型中，农作物专业化分工的中心地区应该环绕中心市场发展。这一模型的主要特征是，同性质空间的地租差别完全是由运输成本节约所决定的。杜能认为，土地的投入(地租)体现在空间(自然区)和配置(对城市的接近程度)两个因素上。由于假设自然条件是单一的,因此杜能研究的是距离城市远近的地租差异,即所谓的区位或经济地租。杜能研究了不同集约化程度下距离对区位地租的影响。

首先,杜能分析了同一集约度下,距离对产品的区位地租的影响。假定单一农产品的生产成本与城市之间的距离无关,则产品的纯收入(总收入减去生产和运输耗费)就完全取决于距离城市的远近。杜能把这一纯收入定名为区位地租。在杜能理论中,农业生产的纯收入与区位地租等同。以 R 代表单位面积的区位地租, Q 代表单位面积的产量, P 代表单位产品的销售价格, C 代表单位产品的生产成本, t 代表单位产品每英里的运费(运费率), k 代表距离市场的英里数,则区位地租可表示为 $R=Q(P-C)-Qtk=Q(P-C-tk)$;当产地与市场的距离达到一定值时,其区位地租变为零,即 $R=Q(P-C-tk)=0$,如图 2.8 所示。

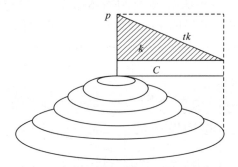

图 2.8　区位地租与运输成本之间的关系

其次,杜能还分析了不同集约化程度下,通达性(可用距离表示)对产品的区位地租的影响。根据古典政治经济学理论,生产的三要素包括土地、劳动力和资本,而农业生产的集约化程度取决于一定土地上投入的劳动力和资本,即总的投入量 I 。每追加 1 单位的劳动力和资本,土地的产量就会相应地增加,增加的产量即为边际产量,到一定程度,虽然土地的总产量仍在增加,但边际产量会不断地下降,这就是土地收益递减的规律:当 $\dfrac{\mathrm{d}Q'}{\mathrm{d}I}>0$ 或 $\dfrac{\mathrm{d}C'}{\mathrm{d}Q}<0$ 时,土地收益递增;当 $\dfrac{\mathrm{d}Q'}{\mathrm{d}I}=0$ 或 $\dfrac{\mathrm{d}C'}{\mathrm{d}Q}=0$ 时,土地收益持平;当 $\dfrac{\mathrm{d}Q'}{\mathrm{d}I}<0$ 或 $\dfrac{\mathrm{d}C'}{\mathrm{d}Q}>0$ 时,土地收益递减。然后,将运输费计入。由于利润是销售价格减去生产成本及运费的差额,故在土地收益递减的场合,继续增加投入量虽仍可增加产量,但须使价格减去边际成本的余额尚能偿付边际产量追加的运费, $P-\dfrac{\mathrm{d}C}{\mathrm{d}Q}-\dfrac{\mathrm{d}T}{\mathrm{d}Q}\geqslant0$ 。可见,边际成本和追加运费越低,边际产量本身需偿付的运费越少,生产规模扩大的可能性越大。杜能认为,如果土地利用的可能性在空间上是连续的,则农业部门或作物的合理分布区是其能偿付区位地租的地段。因为距离市场较近的土地，其纯收益必定较大，较远的土地，其纯收益必定较小，农作物品种的空间组织由其各类所能偿付的区位地租的差异决定，呈以市场为中心的向心圈。在市场(运费为零)点的地租收入和耕作极限连接的曲线被称为地租曲线。每种作物都有一条地租曲线，其斜率由运费率决定，不容易运输的农作物的地租曲线一般斜率较大，相反则较小。农场主选择地租收入最大的农作物进行生产，从而形成农业土地利用的杜能圈结构，具体如图 2.9 所示。

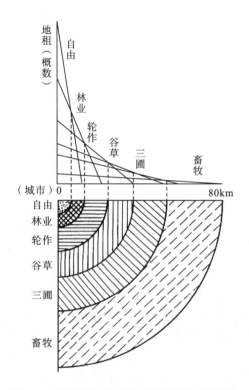

图 2.9　杜能圈形成机制与圈层结构示意图①

　　杜能的出价交易地租曲线分析也能用来解释城市内通达性与地租之间的关系。Haig(1926)是第一个将杜能的论点应用于城市的学者，Haig 主张，地租与运输成本是通过二者与空间摩擦的关系而紧密地联系在一起的，运输是以时间和金钱为代价来减少这种摩擦的手段。支付地点租金可以得到交通成本较低的地点。那些愿意为改进交通设施支付最高价格的人(出价比对手高的人)将能享受到最合意的区位。Haig(1926)的论述是以一些十分严格的假设为前提的：首先是居民生活的城市是一个无特色的平原，其所在城市的中心(中心商业区)集中有所有的生产、娱乐和零售活动；同时，人们的家庭规模、收入、居住需求等是相同的，建

① 资料来源：Haggett P .Geography: a modern synthesis.revised third edition. New York: Harper & Row Publishers,Inc,1983.

筑物成本在该城市是统一的,只是运输成本随着距中心商业区距离的增加而升高。依据这些假设,运输成本总和与地点租金之和在整个城市里保持不变,如果从中心商业区向城市周边辐射,且只考虑居民的决策,则将出现图 2.10 所描述的状况。

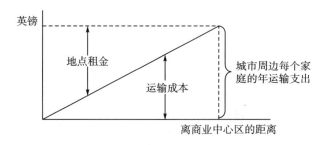

图 2.10　地点租金/运输成本的交替关系

在图 2.10 中,市内全部地点租金可以估计为尖顶对着中心商业区的倒置锥体的体积。

交通运输系统的改进将导致每一个地区地价的下降和城市向外扩张——扩张的程度取决于运输服务要求的弹性,如果对运输的需求是完全无弹性的,那么城市的边界将保持不变。若图 2.11 中的 AB 是初始的租金梯度,在运输需求完全无弹性的情况下,不变的较低的公共运输费将使梯度移至 $A'B$。城市的周边仍保持在 B。可是,如果运输需求有一定程度的弹性,运输成本的降低将鼓励人们去较远的地方上班或从事娱乐活动,最后的租金梯度可能固定在像 $A''B''$ 这样的位置上,城市的边界将扩展至 B''。值得一提的是,该模型假定运输成本随着距中心商业区距离的改变而发生线性变化,而个人行为是相同的。若情况并非如此,则运输成本和区位模型之间的精确关系应同时取得而非相继取得。相对地点租金的变动也可能导致一些居民希望拥有不同规模的小块土地,通过把土地的需求弹性考虑在内可以描述此类复杂情形。

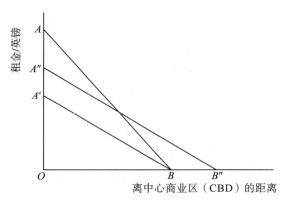

图 2.11　地点租金与运输成本的交替关系

(2)通达性能影响城市土地的利用，并最终影响经济活动的空间分布。通达性通过影响劳动力要素的通勤成本和产品的运输成本进而对城市土地的利用产生影响，并最终影响经济活动的空间分布。国外不少经济学家分析了通勤成本对土地利用产生影响的机理。Alonso（1964）将 Haig（1926）的城市区位模型扩展到超出对居住地地租的简单考虑，分析运输成本和通勤成本引起的经济活动空间分布的变动。Alonso 认为，在工业、商业及不同阶层家庭对不同地点的需求中存在自由市场土地经济的明显竞争。一般地说，工业和商业因地处城市中心、彼此相互接近而享受到集聚经济，能够很容易地从专业化供应商处得到服务，提供综合性的系列服务等。假定潜在的较高收入与中心的地点相联系，则企业倾向于为处于中心地点出高价。那些不能支付高额运输费用，且无希望住较大房屋的穷人愿意为接近中心区域支付较高的租金；富人则更倾向于为城郊出较高的租金。企业、贫穷家庭和富裕家庭三组城市土地使用者的竞租曲线如图 2.12 所示。

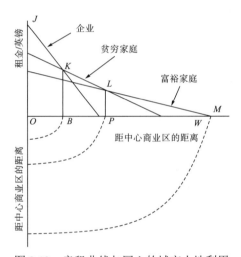

图 2.12　竞租曲线与同心的城市土地利用

从图 2.12 可以看出，企业在城市中心附近地点的出价高于两个阶层的居民，中心商业区将从 O 扩展至 B，贫穷家庭愿意居住在中心商业区附近，从 B 至 P，而富人愿意出高于其他人群的价格居住到城市边缘地带，从 P 至 W。将这几类情形画在同一平面并加以旋转得到一个同心的土地利用模式。实际边界 JKLM 是该城市地租的函数，条件是土地分配给最高出价者，由此可以看出通勤与运输成本对城市内部定位模式产生的影响。简而言之，在其他条件不变时，高运输成本的经济活动将定位于距中心商业区较近处，而低运输成本的经济活动则将定位于远离中心商业区的地方。

运输成本的改变会影响不同经济活动占用的土地数量。例如，引入票价极低而质量提高的公共运输，很可能会使贫穷家庭愿意出价居住在距中心商业区较远的地方，因而土地使用的中心圈也可能向外扩张，如图 2.13（a）所示。Damm（1980）等发现，华盛顿地铁的建设，由于其服务收费低、质量高，使人们愿意花钱在地铁车站附近购买小块土地。在城市中心，零售商甚至更愿意为地铁附近的地点支付高租金。同样，建设大范围的城市道路网，有可能提高轿车拥有者、富裕居民的出行便捷程度，使他们的竞租曲线向上和向右移动，如图 2.13（b）所示。同时，富裕人群占用的土地圈因此扩展，超出原来的城市边界（W 到 W'）。Evans 特别把这种迁向郊区的现象归因于城市高速公路的大规模建设，高速公路提高了乘车上下班的速度和舒适程度，并指出，使较高收入人群迁回城市中心商业区的唯一办法是使运输系统速度缓慢、便宜和不舒适，而不是迅速、舒适和昂贵。另一种可能性是在市中心采取严格的交通管制政策，但是这类政策的确切效果取决于详细的设计。为简便起见，假定交通管制政策会阻止人们去中心商业区购物，这将减少企业出价购买中心商业区的愿望，但将增加企业在远离中心商业区位置的竞价购买行为，最终结果是中心商业区收缩到 OB' ［图 2.13（c）］，伴随着接近中心商业区的商业活动出现。

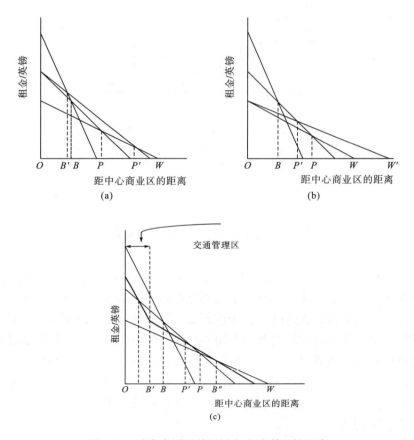

图 2.13　改变交通设施对城市土地利用的影响

　　(3)通达性通过影响城市工资率对经济活动区位产生影响。通达性水平改变所引起的产品运输成本和劳动力要素通勤成本的改变不仅能影响城市土地利用模式，而且会导致城市工资率或工资预期发生变化。Moses(1962)指出，一个工人愿接受的工资差别，无论正负，完全由货币运输成本的结构决定。假定所有就业者或集中于城市中心，或均匀散布在城市周围地区，所有的居民享受相同的福利水平，所有的工人都被支付同样的工资，工作时间也同样多，并承担同样数量的乘车来往出行。然后，扣除上下班乘车费后的净工资，将根据市内通勤成本的性质及其居住地与中心商业区之间的距离在工人中发生变化，其中，因距中心商业区距离的不同而产生的土地价格的变化充当着保证福利相同的调节机制。居住在远离城市中心的人们支付较多的运输费，但其须支出的房租却相对较低。一个工人可以放弃中心商业区的工作(这样能降低通勤成本)，而在其住处附近寻找一份工作，以此提高自身的福利水平。此时，该工人愿意接受较低的收入，其限度为工资的减少数恰好等于节约的上下班出行成本。这样，在其住家较近区域的工资尽管比中心区工资稍低，但总体上与中心商业区之间取得了平衡。其结果便形成了城市工资的梯度，其形状由上下班的出行成本因素决定，即城市的工资梯度由工人上下班的通勤成本所决定，具体如图 2.14 所示。

　　在图 2.14 中，OW 是在城市中心所付出的工资，其中 WA' 是城市边界 A 与中心商业区之间的往返费用。OA' 是使住在 A 处的工人在自家附近工作，维持他从事目前职业所需要的工资率。因此，住在 A 地的工人，到中心商业区上下班而挣得的 OW 和在自家附近工作而挣得的 OA'，两者之间是无差别的。WW' 曲线勾勒出应向居住在 A 地的工人支付的工资水平，这一工资水平能使其感到在自家附近工作与在 A 地与中心商业区之间的任何地区工作没有差异。

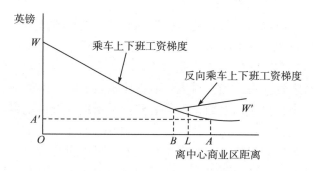

图 2.14　通勤成本与工资梯度

　　再引入某种次要的就业集中概念，如在 L 处，就会出现反向乘车上下班。假如这个次中心区需要劳动力，但又不能把他们从家庭中吸引至 L 的右边，就需要对那些从 L 处和中心商业区之间的地区穿行的工人进行补偿。由于对反向乘车上下班而言，就全面的货币、时间和舒适因素来说，运输系统的价格趋向降低，所以反向上下班的工资梯度可能不像正向上下班的工资梯度那样陡。相对于正向上下班乘车成本而言，影响反向上下班乘车成本的主要因素是，越远离中心商业区，交通的拥挤程度越低。

现实经济生活中，由于工会的作用和全国工资协议的广泛签订，加上土地及运输市场的不完善(如公共运输补贴和公司车辆的增加)，使得对工资梯度理论进行准确的检验很困难。但是经验研究没有否定通勤成本对城市工资模式的影响，只是实际情况要比简单的工资梯度理论所表明的情况复杂得多。Segal(1960)发现，美国郊区各县的工资高于中心商业区，甚至在考虑工业结构变化后，亦无工资梯度出现。Rees和Schultz(1970)发现工资与上班距离之间有强烈的正向关系，然而蓝领工人的工资梯度在工业高度集中地区(芝加哥西南)出现高峰，向西北逐渐降低。英国的 Evans(1973)发现，虽然在伦敦考察得到工资的梯度，但在其他地区却缺乏有说服力的证据。

2.2.2　交通基础设施收入效应的宏观动力学基础

宏观理论框架的分析主要包括建立中国西部地区交通基础设施影响经济增长和收入分配的数理模型，用模拟和仿真求解交通基础设施显著影响经济增长和收入分配的门槛值及合理的交通网络密度，探析如何通过合理规模的交通基础设施建设来缩小城乡收入差距，力求从增长与公共投资两个方面去解释基础设施导致的重要经济效应的作用机制。

1. 交通基础设施对要素流动的影响

任晓红和张宗益(2013)将交通基础设施对产品的运输成本、要素的流动成本及土地租金等空间成本的影响整合到新经济地理学模型的框架中发现，运输成本对城乡收入差距具有双向影响，工业品的运输成本与城乡收入差距正相关，农产品的运输成本与之负相关；当农村人口所占比重较大时，改善交通基础设施能促进要素流动和缩小城乡收入差距，但随着要素不断地向城市集聚，改善交通基础设施对要素流动性的影响不再显著，当集聚到城市的要素增至某一临界值时，城乡收入差距呈反向扩大趋势。由于资本和技术总可以折合成一定当量的劳动，因此，交通基础设施对劳动力要素流动的影响机理也适合于资本和技术要素。

通达性能影响核心区与外围区的实际收益，诱导劳动力要素的流入与流出，劳动力要素的流入会增加流入地的市场容量、带来正外部性(消费地与生产地的重合度增加)、产品种类增加、市场规模扩大并伴随着技术水平的提高。同时，源自市场规模扩大的正外部性又会增加人们的实际收益，从而吸引劳动力要素的进一步流入并导致产业的进一步集聚。对劳动力流出的地区，要素流动与产业之间的作用过程与上述过程相似，而得出的结论则与劳动力流入地相反。

2. 源自要素流动的城乡收入差距

1) 资本增长与经济增长间具有直接联系

在资本创造增长理论的基础上，Martin 和 Ottaviano(1999)首次将内生经济增长理论引入新经济地理学中，运用内生性技术进步的思想改造 CC 模型的新古典外生性技术进步空间增长理论，构建出全域溢出理论(global spillover，GS 模型)。GS 模型是内生性增长理论在空间上的投影(安虎森，2005)。技术在整个经济系统的溢出效应影响新资本的形成成本，从而促进资本积累。由于创新部门技术溢出效应的存在，企业愿意投资在创新部门所在的区位。假设单位资本只生产一种产品，则持续的投资使工业品种类增加，导致价格指数下降，在名义支出和收入一定的条件下，又将导致实际产出和实际收入水平提高，从而实现经济的内生增长。长期均衡条件下，资本持续增长区域名义 GDP 虽然不变，但其资本数量的增长意味着产品种类的增加和价格指数的降低。名义 GDP 不变而价格指数下降意味着实际 GDP 上升，且实际 GDP 上升的速度等于价格指数下降的速度。经济增长与资本增长具有直接联系，经济增长率与资本增长率间的关系可表达为

$$v_Q = a v_I \tag{2.5}$$

式(2.5)中，v_Q 是实际经济增长率；$a = \mu / (1 - \sigma)$；v_I 为资本增长率。

GS 模型进一步证明，一个区域的资本水平是地区差距的源泉。

越来越多的研究表明，技术溢出效应受到空间距离制约(Grilliches，1979；Keller，2002)。Baldwin 等(2001)在全域溢出增长模型的基础上构建了局域溢出增长模型(localized spillover，LS 模型)。LS 模型与 GS 模型的区别在于，对知识溢出的空间范围的限制，强调只有本地知识资本溢出是完全可以被本地资本创造所利用的，而外地知识资本对本地的溢出强度随着空间距离的增加而减弱。资本存量产生的溢出效应对新资本形成成本在不同的空间上不同。通过对 GS 模型空间中性的摒弃，LS 模型纠正了"长期均衡增长率与资本的空间分布无关"的结论。在 LS 模型中，内生增长为聚集力，知识溢出为分散力，空间因素对经济增长起重要作用。由于技术溢出具有本地化特征，本地资本的积累更加有利于本地资本的创造，使得该地区额外地拥有一种聚集力，因此，可以得出产业的集聚程度越高越有利于所在地区资本的创造的结论。

2) 劳动力要素流动对城乡收入差距的影响

目前，有关劳动力流动与地区收入差距关系的研究尚未得出一致性的结论。根据新古典经济理论，人口增长速度加快将导致人均产出增长速度降低，而劳动力迁移降低了欠发达地区人口的增长速度，却加快了发达地区人口的增长速度，因此可以推导出区域间劳动力流动有利于促进地区经济收敛的结论，但实证研究

的结果并没有普遍支持这一结论。Barro 和 Sala-i-Martin(1995)利用美国 1920—1990 年的数据，德国、意大利和西班牙 1950—1990 年的数据，法国 1950—1980 年的数据，以及英国 1960—1980 年的数据进行了收敛性分析，发现在有些国家劳动力迁移促进了地区经济收敛，而有些国家劳动力迁移反而扩大了地区差距，因此，从总体上看劳动力迁移并不一定会促进区域经济收敛，Shioji(2001)将这个理论和经验研究的矛盾称为迁移谜题(migration puzzle)，目前学界尚未做出满意的解释。

　　针对理论与实证研究的非一致性，经济学家尝试从不同侧面予以解释。Taylor 和 Williamson(1997)采用一个局部均衡模型来分析劳动力迁移对地区差距的影响后发现，劳动力流动可以促进区域间劳动生产率和实际工资的收敛，但由于资本也会随之流动，这在很大程度上抵消了由于劳动力流动而导致的经济收敛。另外，一些经济学家认为，劳动力流动不一定促进经济收敛的原因在于迁移劳动力的自我选择性，即迁移者往往是劳动力输出地人力资本水平较高的群体，这样当劳动力从欠发达地区向发达地区流动时，尽管通过劳动力的边际收益递减机制会促进地区经济收敛，但同时也会扩大两个地区间的人力资本差异，而后一种效应会促使地区差距扩大。Shioji(2001)首先利用 1960—1990 年日本 39 个地区的数据，检测劳动力流动对地区间人力资本水平的影响时发现，由于劳动力迁移导致的人力资本变化的确降低了劳动力迁移导致的收敛性，但其程度很小，远远不能解释关于劳动力流动与地区收敛性在理论和经验研究上的差距。Rappaport(2005)发现，劳动力迁移对经济收敛的促进作用并没有传统理论显示的那么强烈。在 Rappaport 模型中，存在一个已经达到均衡的大国经济和一个未达到均衡的小国经济(较为贫穷)，当劳动力从小国流向工资较高的大国时，尽管没有资本的流动，但小国由于劳动力减少会降低资本的边际产品，从而降低了小国居民的投资率并减慢了经济收敛的速度，尤其当小国经济远离其长期均衡点时，这种效应可能更强烈，因而导致劳动力迁移只有很弱的促进经济收敛的效果。

　　范红忠和李国平(2003)认为，中国存在生产要素向东部沿海地区集中而劳动力却没有向该地区集中的现象，地区差距主要是因为人口不能像生产要素那样向东部沿海地区集聚而产生的，因此要缩小地区差距应该加速劳动力流动。许召元和李善同(2008)得出的结论与此相反，由于存在资本追逐劳动力的现象，区域间的劳动力迁移可能缩小也可能扩大地区差距，这主要取决于资本的外部性和拥挤效应的相对大小，以及农村和城镇居民的技能差异，说明劳动力流动并不一定能自动缩小地区差距。在相当长的时期内，中国的劳动力要素都呈现单纯的从欠发达地区向发达地区流动的趋势，由于资本追逐劳动力现象的存在，加之资本在中国属于相对较为稀缺的资源，资本的流动几乎不受限制，而劳动力流动受到诸多限制，因此，区域间劳动力的流动会促使劳动力流出地区的资本流出，进而扩大地区差距。

3) 资本要素的流动对地区差距的影响

根据要素价格均等化定理，在相同技术条件下，商品贸易会使各区的生产要素收入趋向均等，而要素的跨区流动也会促进要素收入的均等化。对一国内部而言，跨地区的商品贸易和资本及劳动力流动会促进各地区间的收入收敛；对外贸易和国外直接投资会对这一收敛过程产生正向影响；地区间资本流动和外资流入往往伴随着技术的传播，从而起到缩小地区间技术差距的效果。因此，在新古典经济学假设自由竞争和生产要素充分流动的前提下，资本区际流动会导致地区间经济差距的缩小。然而，该假设在现实经济世界里难以存在，加之资本没有充分的流动性，区域间资本流动导致区际资本收益率均等的推论在现实中很难实现。

跨区域资本流动对区域差距的作用机制与影响过程如下：由于劳动力可以区际流动，资本与企业向市场规模较大的地区转移，导致劳动力流向市场规模较大的地区。而资本、劳动力和企业向市场规模较大的地区流动或转移会产生前后向联系效应，即本地市场效应和价格指数效应，进一步吸引资本和劳动力等生产要素向该地区流动，从而引发产业或经济活动在该区域集聚，在此过程中，地区经济差距变大。随着集聚程度的提高，该区域的市场拥挤效应开始增大，区域排斥力增大，地区经济差距在此期间会进一步扩大。当该区域聚集力与排斥力达到平衡时，资本不再向该区域流动，该区域企业集聚也就达到最大程度。此时，地区间的经济差距达到最大值。如果拥挤效应继续增大，使区域的排斥力大于聚集力，则资本将从该区域流出，企业开始向其他地区扩散，从此地区差距将出现缩小的趋势。因此，资本流动在不同的时期，对地区差距的影响不同。下面借鉴姚枝仲和周素芳 (2003) 的研究用数理模型来解释资本区际流动与地区差距的关系。

假设有欠发达地区 A 和相对发达地区 B，地区间商品可自由流通，而劳动力与资本不能流动。A 地区 t 期的总收入为 $Y_{tA} = wL_A + rK_A$，其中 w 为单位劳动的报酬 (或产出)；r 为单位资本的报酬 (或产出)，若商品自由流动使 A、B 两地区的要素报酬相等，则 B 地区 t 期的总收入为 $Y_{tB} = wL_B + rK_B$，其中 L_A、L_B 分别为 A、B 地区的劳动力数量，K_A、K_B 分别为 A、B 地区的资本数量。假设 A、B 两地区的总人口分别等于其总劳动力，则 t 期 A、B 两地区的人均收入分别为

$$\frac{Y_{tA}}{L_A} = r\frac{K_A}{L_A} + w \tag{2.6}$$

$$\frac{Y_{tB}}{L_B} = r\frac{K_B}{L_B} + w \tag{2.7}$$

则，A、B 两地区间的人均收入差距为

$$D_t = r\left(\frac{K_B}{L_B} - \frac{K_A}{L_A}\right) \tag{2.8}$$

式 (2.8) 表明，地区间人均收入差距取决于其要素禀赋差异，资本相对丰富的地区比劳动力相对丰富的地区人均收入要高。这与现实规律相符。

设 K_{AB} 为 $t=0$ 与 $t=1$ 期从欠发达地区 A 向相对发达地区 B 流动的资本规模(如果 K_{AB} 为负数,则流动方向相反)。假设两地区之间不存在劳动力流动,则流动后的 $t=1$ 期两地的总产出分别为

$$Q_{1A} = r(K_A - K_{AB}) + wL_A \tag{2.9}$$

$$Q_{1B} = r(K_B + K_{AB}) + wL_B \tag{2.10}$$

考虑到从 A 流入 B 参与 B 地区生产活动的资本 K_{AB} 所创造的收入 rK_{AB} 的一部分会以资本要素报酬的形式支付给资本所有者,这部分要素报酬是 A 地区的总收入的一部分,可以表示为 arK_{AB}。显然,系数 $0<a<1$。A、B 两地 $t=1$ 期的总收入分别为

$$Y_{1A} = r(K_A - K_{AB}) + arK_{AB} + wL_A \tag{2.11}$$

$$Y_{1B} = r(K_B + K_{AB}) - arK_{AB} + wL_B \tag{2.12}$$

则在 $t=1$ 期 A、B 两地的人均收入分别为

$$\frac{Y_{1A}}{L_A} = r\frac{K_A - K_{AB} + aK_{AB}}{L_A} + w \tag{2.13}$$

$$\frac{Y_{1B}}{L_B} = r\frac{K_B + K_{AB} - aK_{AB}}{L_B} + w \tag{2.14}$$

由此得到 A、B 两地地区间在 $t=1$ 期的人均收入差距为

$$D_1 = r\left(\frac{K_B}{L_B} - \frac{K_A}{L_A}\right) + r(1-a)K_{AB}\left(\frac{1}{L_B} + \frac{1}{L_A}\right) \tag{2.15}$$

将式(2.15)推广得

$$D(t) = r\left[\frac{K_B(t-1)}{L_B(t-1)} - \frac{K_A(t-1)}{L_A(t-1)}\right] + r(1-a)K_{AB}(t)\left[\frac{1}{L_B(t-1)} + \frac{1}{L_A(t-1)}\right] \tag{2.16}$$

式中,t 为研究当期,$t-1$ 为上一期。将式(2.13)与式(2.14)比较,可知欠发达地区向相对发达地区的资本流动,加大了两地人均收入差距,并且资本流动的规模越大,引起的地区人均收入差距也就越大。同理,当资本在区际反向流动,即 K_{AB} 变成负数后,发达地区向欠发达地区的资本流动,会缩小两地人均收入差距。上述理论分析表明,资本区际流动与地区差距互为因果关系。

郭金龙和王宏伟(2003)的实证分析也证明了资本流动是影响区域经济差距变化的重要因素,并提出了完善财政转移支付、适度增加中西部基础设施投入、培育中西部金融市场、差别化的金融政策、吸引外资等促进区域发展的政策建议。

4)技术溢出对地区差距的影响

我国学者的研究表明,技术溢出对经济增长的收敛性有显著影响,技术溢出能缩小地区差距。夏万军(2008)发现,1986—1995 年及 2001—2005 年,技术扩散对收敛的影响显著有效,新增长收敛机制存在。但在其他时段,新增长收敛机制不存在。实证检验揭示,1981—2005 年,我国区域经济存在弱条件 β-收敛和俱

乐部收敛的证据,但通过对不同五年计划的考察发现,各时段的收敛速度波动较大。同时,通过实证考察,技术扩散对经济增长的收敛性有显著影响。许召元和李善同(2008)发现,如果没有技术水平的收敛,则区域间劳动力迁移并不能有效地缩小地区间人均产出的差距,这是由于在全国市场一体化程度很高的情况下,随着劳动力的流动,资本也会随之流动,即产生资本追逐劳动的效应,因此劳动力输入地区经济将增长得更快。但是在中国目前存在较大的劳动力剩余的情况下,区域间劳动力迁移可以显著地缩小地区间人均收入和人均消费水平的差距。对于劳动力输出地来说,由于外出劳动力带回了大量的收入,有效地提高了本地区农民的收入和生活水平,故政府应采取有效的措施鼓励、引导劳动力到外地工作。同时,单纯的劳动力输出并不能缩小地区间人均产出的差距,因而不能从根本上缩小地区差距,在某些情况下人才的流失还可能损害地区经济的发展。因此落后地区既要重视劳动力的输出工作,又要重视改善当地的投资环境,鼓励外出劳动力将先进技术带回本地区,在本地区自主创业,要充分利用人口的流动及现代信息流通加快的有利条件,提高当地的人力资本水平和技术水平,包括农业生产技术水平,缩小同发达地区的差距,从而真正实现区域经济的协调发展。

2.3　本 章 小 结

既有增长理论在回答为什么有增长、增长如何实现等方面已非常完善,但在解答实现条件时却略显不足。交通基础设施可以说是劳动力要素流动、集聚、创新及分工优化的必要前提,若将交通基础设施从资本主导要素中剥离出来,可以创新增长理论并解析彼此之间的内生联动机制。交通基础设施对经济增长重要性的研究涉及交通网络、就业、生产率增长潜力与环境影响等的附加值和诸多其他相关因素,但相对疏于影响条件和动态效应的测度,影响机理缺乏系统性,且大多运用隐含正向影响假设的黑箱模型,使其在解释争议性结果时陷入困境。故系统研究交通基础设施动力学很有必要,运用新经济地理学成果,构建系统的空间动力学模型,测度其动态经济增长效应、产生显著影响的前提条件(门槛值等)和动力机制。现有文献对影响机制等的解释卓有成效,并植入中国元素,但在解答近年来在户籍制度、转移支付等加速调整背景下,城乡收入差距总体仍未缩小等现象时遇到新挑战。有必要再研究相关制度和政策,重点应转向从宏观和微观两种视角分析其作用于收入不平等的微观机理,在量化处理的基础上寻求经济增长与减少收入不平等的良性互动机制,形成更完整的分析框架。鉴于交通改良最有实效,从交通基础设施建设视角可能找到突破点。此外,现有研究大多针对拉美等地的贫困区域,少数针对中国样本的研究为我们提供了良好的研究视角,但仅用存量或流量表征基础设施很可能低估其真实影响。

　　理论上应该存在交通网络密度临界区域(或合理的交通投资规模)，一个区域的交通基础设施水平对经济增长存在一个临界区域，当新增交通基础设施投资的交通基础设施存量低于该临界区域的下限临界值或高出其上限临界值时，新增交通基础设施投资对区域内经济活动空间分布的影响不显著；当新增交通投资的交通基础设施存量仍保持在该临界区域内时，新增交通基础设施投资对区域内经济活动空间分布的影响显著。该研究假设在国内外相关研究中已有实证支持，但是尚未在理论上论证并求解这个临界区域，本书力求在影响经济增长和收入分配的交通网络密度的临界区域或合理的交通投资规模的理论研究方面有所突破。因此，本书在新经济地理学理论框架内，论证由交通基础设施导致的地理因素变动(空间距离的绝对与相对变动)对农村收入不平等产生影响的机制，求出新增交通基础设施对收入效应产生显著影响的交通网络密度临界区域的理论解。

第3章 西部农村交通基础设施、经济增长与农民收入现状及相关性

交通基础设施通常被视为经济增长不可缺少的先行要素，分析西部地区农村交通基础设施、经济增长、农民收入现状及其变化趋势，检验其相关性，寻找存在的主要问题无疑有助于为西部农民增收政策的科学制定提供有价值的参考。

3.1 西部地区农村交通基础设施发展现状

3.1.1 中国公路交通基础设施发展概况

近年来，中国交通基础设施得到了良好的发展，根据《中国统计年鉴》数据，到 2017 年末，我国公路的总里程达到 477.35×10^4 km，比 2006 年的公路总里程增加了 131.66×10^4 km。其中，2017 年底东部地区公路总里程达到 127.39×10^4 km，中部地区公路总里程达到 155.53×10^4 km，西部地区公路总里程达到 194.43×10^4 km。从公路路网密度来看，东部地区为 117.96 km/10^2km^2，中部地区为 93.03 km/10^2km^2，而西部地区仅为 28.20 km/10^2km^2。可见，与东部和中部地区相比，西部地区的公路总里程虽然超过了东中部地区，但其路网密度却远远低于东部和中部地区。

得益于国家相关政策的实施，例如，2000 年正式实施西部大开发战略，2006 年奠定了西部大开发战略实施的基础，其战略任务之一就是加快基础设施建设，且以公路建设为重点，"十一五"规划中关于加强农村公路建设的政策，加之，我国社会经济的发展也为西部地区农村交通基础设施的发展提供了经济基础等原因，自 2000 年以来，西部地区农村交通基础设施得到了较大的发展，但是西部地区农村与东中部地区农村交通基础设施依然存在较大的差距，这在一定程度上制约了西部地区农村的发展，有必要对西部地区农村的交通基础设施发展现状及其与经济发展之间的因果关系展开分析。

3.1.2　西部地区农村交通基础设施存量变化趋势

下面从存量和流量两个视角分析西部农村交通基础设施的发展现状。由于农村交通基础设施的主要构成是农村公路，因此存量主要运用农村公路年末里程和有效路网密度来表征，流量则采用村庄层面和乡镇层面的道路桥梁投入来表征。

1.农村公路年末里程及变化趋势

1)西部 12 省(区、市)农村公路年末里程及其变化趋势

采用 2006—2016 年西部 12 省(区、市)农村公路年末里程(存量的总量)分析各省(区、市)农村交通基础设施发展情况，具体如图 3.1 所示。

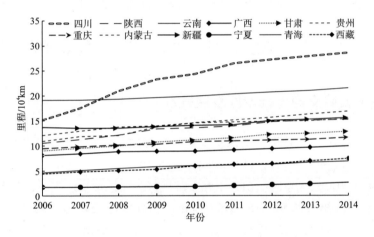

图 3.1　西部 12 省(区、市)农村公路年末里程及变化趋势①

根据图 3.1 可以看出，西部 12 省(区、市)每年的农村公路年末里程在总体上呈增加的趋势。其中，四川省的增加趋势最为明显，2008 年其农村公路年末里程超过了西部其他省(区、市)，四川省 2016 年的农村公路年末里程是 2006 年的 2.06 倍。其次是云南省，在 2008 年前，位居西部 12 省(区、市)的首位，在 2008 年后，被四川省超过，但总体来说，云南省的农村交通基础设施相对较为完善。而宁夏的农村公路年末里程数相对较少，至 2016 年年末该地区的农村公路年末里程低于 3 万公里，但其增加量甚为显著，2016 年其农村公路年末里程是 2006 年的 1.93 倍。青海和西藏农村公路年末里程的增长速度基本接近。其中，青海 2016 年的农村公路年末里程是 2006 年的 2.44 倍。西部其余省(区、市)的农村公路年末里程平缓增加。从总体上看，西部 12 省(区、市)农村的交通基

① 资料来源：依据 EPS 数据库相关数据绘制。

础设施在 2006—2016 年均得到了较快的发展。

2) 西部 12 省 (区、市) 农村交通基础设施的变化趋势

基于西部地区农村公路年末里程增加量 (流量) 来分析西部各省 (区、市) 农村交通基础设施的变化趋势。具体情况如表 3.1 和图 3.2 所示。

表 3.1　西部地区农村公路年末里程增加量　　　　　　　　　单位：km

年份	四川	陕西	云南	广西	甘肃	贵州	重庆	内蒙古	新疆	宁夏	青海	西藏
2007	23746	7286	111	3053	5312	9425	3673	8550	-1582	238	4795	3950
2008	34332	8583	1895	4355	4395	2053	3421	8126	-134	397	3974	2541
2009	23447	12217	3136	485	7731	16834	1508	2330	3263	405	3427	2450
2010	10555	2267	2681	372	4350	8618	5316	5820	2238	219	2006	6914
2011	21029	3602	4452	2313	4166	5254	1189	1665	1077	1771	992	2909
2012	7453	8436	3794	2504	7024	5727	1616	1353	8626	1776	1599	1240
2013	6739	2951	2972	2527	1585	6456	1367	1212	2676	1796	3933	5609
2014	6650	1336	5150	2754	3675	5254	3935	3546	3019	2613	1969	4645

数据来源：依据 EPS 数据库相关数据整理而得。

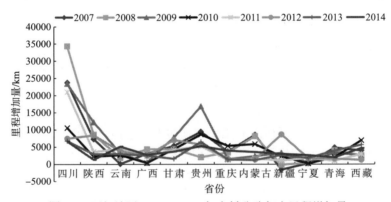

图 3.2　西部地区 2007—2014 年农村公路年末里程增加量

由表 3.1 和图 3.2 可以发现，除新疆以外，西部地区其余省 (区、市) 在 2007—2014 年农村公路年末里程的增加量均为正数。其中，四川省的农村公路年末里程增加量最多，在 2012 年以前其年增加量均超过 10000km，自 2012 年开始，四川省农村公路年末里程增加量逐渐减少。根据各省 (区、市) 农村公路年末里程增加量的状况，可将增加量为正的 11 个省 (区、市) 分为两类：一类是 2007—2014 年农村公路年末里程增加量总体呈下降趋势的省 (区、市)，包括四川、陕西、广西、甘肃、贵州、内蒙古、青海等；另一类是 2007—2014 年农村公路年末里程增加量呈上升趋势的省 (区、市)，包括云南、重庆、宁夏、西藏等。值得一提的是，新疆在 2007 年和 2008 年的农村公路年末里程增加量为负数，出现该种状况可能是由于新疆农村的一些旧公路被视为废路。

从地区间平均值来看,西部地区 2006—2015 年乡镇级道路长度的地区间平均值逐年增大,变化情况具体如图 3.3 所示。

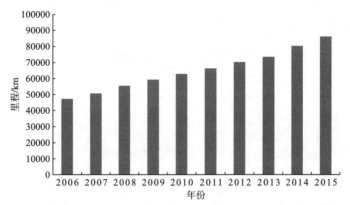

图 3.3   西部地区 2006—2015 年乡镇级道路长度地区间的平均值变化趋势

2. 西部 11 省(区、市)农村路网密度、有效路网密度及其变化趋势[①]

现有研究大多基于行政区域面积来测度路网密度,但是西部地区地广人稀,西部地区农村有大量的荒漠和戈壁等,为更加准确地表征西部 11 省(区、市)农村交通基础设施的发展现状,除测度西部 11 省(区、市)的路网密度外,还对其农村交通基础设施的有效路网密度进行了测度与分析。

1) 西部 11 省(区、市)的路网密度

采用道路长度与行政区面积的比值来计算路网密度。2006—2015 年,西部 11 省(区、市)的路网密度变化趋势如图 3.4 所示。

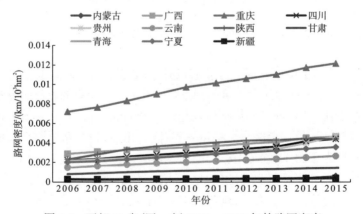

图 3.4   西部 11 省(区、市)2006—2015 年的路网密度

---

① 西藏数据缺失。

由图 3.4 可知，到 2015 年底，西部 11 省（区、市）中，重庆的路网密度最大，其次是贵州和广西，青海的路网密度最小，西部 11 省（区、市）路网密度由大到小依次为重庆、贵州、广西、陕西、四川、宁夏、云南、甘肃、内蒙古、新疆、青海。

2）西部各省（区、市）的有效路网密度

有效路网密度计算公式为各省（区、市）汇总的乡镇级道路长度与有效面积的比值，有效面积采用耕地和乡镇建成区面积之和衡量，一定程度上剔除了西部地区广袤无垠的无人区未利用地面积带来的误差。测算的西部各省（区、市）的有效路网密度如图 3.5 所示。

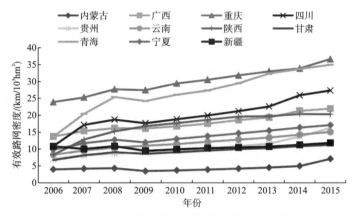

图 3.5　西部各省（区、市）的有效路网密度

由图 3.5 可知，到 2015 年底，重庆的有效路网密度最大，内蒙古的有效路网密度最小。西部 11 省（区、市）的有效路网密度由大到小依次为重庆、青海、四川、广西、陕西、宁夏、贵州、云南、新疆、甘肃、内蒙古。

3）西部地区的路网密度比较

西部 11 省（区、市）的路网密度和有效路网密度之间、西部地区与全国的平均水平之间均有较大的差异，到 2016 年底，西部地区的有效路网密度的平均值低于全国平均值的 4.21 公里/千公顷（$km/10^3hm^2$），具体见表 3.2。

表 3.2　西部 11 省（区、市）乡镇级道路设施描述性统计

年份	变量	单位	样本数	平均值	标准误	最小值	最大值
2006—2015	路网密度	$km/10^3hm^2$	110	0.00276	0.00266	0.00014	0.01215
	有效路网密度	$km/10^3hm^2$	110	15.60	8.01	3.45	36.63
2016	西部有效路网密度	$km/10^3hm^2$	11	20.86	9.25	7.45	37.61
	全国有效路网密度	$km/10^3hm^2$	30	25.07	13.05	5.67	67.96

数据来源：依据《中国城乡建设统计年鉴》相关数据整理而得，数据为中国大陆除去西藏以外的省区。

3.1.3 西部地区农村道路建设投资状况

从总体上看，2006—2015 年，西部地区乡镇道路桥梁投入呈现出明显的上升趋势，具体如图 3.6 所示。

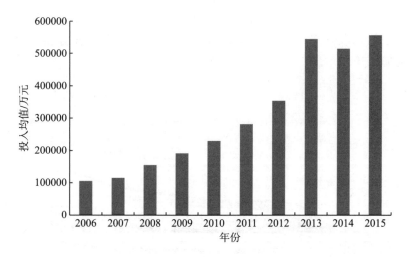

图 3.6 西部地区 2006—2015 年乡镇道路桥梁投入均值变化趋势

从各省(区、市)来看，我国西部 11 省(区、市)2006—2014 年的乡镇道路桥梁投入具有较大的差异，其中四川、云南、重庆、陕西、广西的投入相对较大，其余省(区、市)的投入则相对较小。

具体来说，四川省 2006—2014 年的投资总额居西部地区首位，农村道路建设投资逐年上升，2014 年四川省的投资额是 2006 年的 8.8 倍。其次是云南省，该省 9 年间的投资总额仅比四川省少 119641 万元，这主要是因为在 2013 年云南省的投资额达到 1985891 万元，缩小了与四川省之间的差距，云南省 2013 年农村交通设施得到很大的发展。作为西部唯一的直辖市，重庆市位居第三，重庆市 2006—2014 年的农村道路桥梁投资总额接近四川省的 50%。陕西、广西、贵州三省 2006—2014 年的农村道路桥梁建设投资总额基本接近。在西部地区除去西藏的 11 省(区、市)中，青海省 2006—2014 年的农村道路桥梁建设投资总额最少，仅为四川省的 8%。具体如图 3.7 所示。

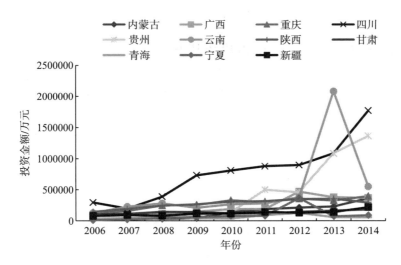

图 3.7　西部 11 省(区、市)乡镇道路桥梁投入[①]

3.1.4　中国西部地区农村交通基础设施的养护状况

农村交通基础设施的修建，为农民的生产和生活带来了方便，有利于农村的发展，但因西部地区交通基础设施养护难度大，养护方法具有特殊性，受公路快速检测、评价和修复技术，及农村公路低造价养护技术等因素的制约，西部地区很多农村公路出现了只管修不管养的现象，造成农村公路路面裂缝、路基变形、路肩沉陷等问题，道路的通达性受到一定程度的影响，给当地农民的生产和生活带来不便，在一定程度上制约了当地农村经济的发展。鉴于这个问题涉及工程技术多个学科领域，非作者能力所及，因此，这里不做详细讨论。

3.2　西部地区农民收入现状

3.2.1　农民人均纯收入整体状况

农民人均纯收入包括工资性收入、家庭经营纯收入、财产性收入和转移性收入等，表 3.3 给出了农民人均纯收入及其构成的描述性统计结果。表 3.4 至表 3.8 分别为 2006—2015 年农民人均纯收入及其构成的分省数据。其中，农民人均纯收入的平均值为 5233.71 元，最大值为 10775.90 元，最小值为 1984.62 元。图 3.8 给出了 2006—2015 年西部地区农民人均纯收入及其构成平均值变化趋势。结合表 3.3 至表 3.8 和图 3.8 可以发现，西部 12 省(区、市)2006—2015 年农民人均纯收入具有

① 资料来源：依据 EPS 数据库相关数据绘制而得。

显著的上升趋势,在其几大构成(工资性收入、家庭经营纯收入、转移性收入、财产性收入)中,仅财产性收入基本保持不变,其余均具有明显的上升趋势。

表 3.3　西部 12 省(区、市)2006—2015 年农民人均纯收入及其构成描述性统计

变量	样本数	平均值/元	标准误/元	最小值/元	最大值/元
人均纯收入	120	5233.71	2238.07	1984.62	10775.90
工资性收入	120	1676.62	884.31	254.07	4089.15
家庭经营纯收入	120	2716.90	1093.08	1112.81	6185.40
财产性收入	120	129.34	80.24	19.49	425.30
转移性收入	120	710.79	636.44	69.96	2868.60

表 3.4　西部 12 省(区、市)2006—2015 年农民人均纯收入　　　单位:元

年份	内蒙古	广西	重庆	四川	贵州	云南	西藏	陕西	甘肃	青海	宁夏	新疆
2006	3341.88	2770.48	2873.83	3002.38	1984.62	2250.46	2434.96	2260.19	2134.05	2358.37	2760.14	2737.28
2007	3953.10	3224.05	3509.29	3546.69	2373.99	2634.09	2788.20	2644.69	2328.92	2683.78	3180.84	3182.97
2008	4656.18	3690.34	4126.21	4121.21	2796.93	3102.60	3175.82	3136.46	2723.79	3061.24	3681.42	3502.90
2009	4937.80	3980.44	4478.35	4462.05	3005.41	3369.34	3531.72	3437.55	2980.10	3346.15	4048.33	3883.10
2010	5529.59	4543.41	5276.66	5086.89	3471.93	3952.03	4138.71	4104.98	3424.65	3862.68	4674.89	4642.67
2011	6641.56	5231.33	6480.41	6128.55	4145.35	4721.99	4904.28	5027.87	3909.37	4608.46	5409.95	5442.15
2012	7611.31	6007.55	7383.27	7001.43	4753.00	5416.54	5719.38	5762.52	4506.66	5364.38	6180.32	6393.68
2013	8595.73	6790.90	8331.97	7895.33	5434.00	6141.31	6578.24	6502.60	5107.76	6196.39	6930.97	7296.46
2014	9976.30	8683.20	9490.80	9347.70	6671.20	7456.10	7359.20	7932.20	6276.60	7282.70	8410.00	8732.80
2015	10775.90	9466.60	10504.70	10247.40	7386.90	8242.10	8243.70	8688.90	6936.20	7933.40	9118.70	9425.10

表 3.5　西部 12 省(区、市)2006—2015 年农民人均纯收入构成(工资性收入)　单位:元

年份	内蒙古	广西	重庆	四川	贵州	云南	西藏	陕西	甘肃	青海	宁夏	新疆
2006	590.70	974.32	1309.91	1219.51	715.49	441.81	568.39	848.26	637.37	653.30	823.09	2507
2007	716.86	1128.75	1559.30	1438.68	846.85	521.63	635.11	1036.18	716.43	790.88	1021.37	330.75
2008	806.48	1283.39	1764.64	1620.40	1002.68	617.47	759.72	1243.57	867.98	983.15	1260.04	422.82
2009	900.42	1465.22	1919.68	1821.37	1074.32	684.95	914.08	1428.46	994.94	1081.59	1518.94	461.49
2010	1036.78	1707.18	2335.23	2248.18	1303.85	930.00	1108.84	1734.48	1199.45	1269.81	1788.28	556.26
2011	1310.86	1820.37	2894.53	2652.46	1713.52	1138.55	1008.03	2395.45	1561.97	1775.39	2164.24	804.73
2012	1459.05	2245.95	3400.77	3088.86	1977.73	1435.87	1201.93	2727.85	1787.72	1989.69	2510.53	1008.02
2013	1694.61	2712.27	4089.15	3542.78	2572.61	1729.19	1475.32	3151.23	2203.41	2347.46	2878.36	1311.84
2014	2070.80	2335.40	3198.50	3156.50	2521.50	1975.80	1571.10	3216.80	1755.80	2041.40	3391.00	1848.00
2015	2249.70	2549.10	3583.40	3463.50	2897.10	2315.50	1872.90	3548.30	1974.90	2234.70	3614.30	2131.40

表 3.6　西部 12 省(区、市)2006—2015 年农民人均纯收入构成(家庭经营纯收入)

单位：元

年份	内蒙古	广西	重庆	四川	贵州	云南	西藏	陕西	甘肃	青海	宁夏	新疆
2006	2406.21	1705.75	1349.57	1586.54	1112.81	1631.60	1410.51	1219.33	1291.85	1374.36	1662.07	2323.01
2007	2786.08	1973.40	1639.82	1863.31	1320.06	1910.18	1673.08	1346.29	1426.86	1477.32	1862.11	2625.66
2008	3218.01	2190.62	2016.64	2061.70	1512.47	2156.80	1845.04	1475.01	1543.24	1602.74	2032.01	2779.71
2009	3277.50	2228.23	2111.65	2072.88	1537.57	2279.02	1956.50	1570.16	1583.23	1666.24	2111.60	3069.57
2010	3669.93	2510.15	2323.51	2263.34	1706.33	2510.12	2308.78	1882.21	1855.99	1973.12	2421.50	3649.98
2011	4217.50	3007.93	2748.25	2761.69	1980.21	2966.18	3142.62	2017.20	1866.77	2088.80	2730.43	3887.15
2012	4689.11	3234.55	2975.31	3004.92	2249.21	3328.10	3678.66	2294.43	2114.75	2221.92	3071.52	4238.98
2013	5348.40	3420.36	3136.47	3321.21	2355.85	3650.37	4156.97	2500.00	2230.99	2570.33	3250.01	4654.48
2014	5872.40	4047.80	3401.90	3877.90	2643.10	4242.40	4361.80	2750.70	2761.60	3021.40	3644.60	5179.40
2015	6185.40	4359.40	3774.70	4197.30	2878.70	4600.80	4937.70	2908.60	3025.20	3058.50	3837.00	5397.50

表 3.7　西部 12 省(区、市)2006—2015 年农民人均纯收入构成(财产性收入)

单位：元

年份	内蒙古	广西	重庆	四川	贵州	云南	西藏	陕西	甘肃	青海	宁夏	新疆
2006	84.81	22.45	27.29	52.84	36.93	82.19	156.00	52.56	52.56	100.66	53.35	58.69
2007	117.06	29.13	43.76	61.10	46.69	86.41	173.54	73.30	23.20	127.93	58.09	116.54
2008	114.90	41.76	50.90	71.37	63.92	109.83	185.46	86.01	19.49	148.55	65.73	121.15
2009	137.34	41.49	67.80	94.75	81.90	127.52	148.25	92.60	34.06	117.00	63.08	121.26
2010	164.26	33.78	90.50	144.01	117.19	176.84	169.12	97.02	39.87	120.68	98.66	126.53
2011	337.59	41.22	139.67	140.38	59.50	218.99	113.60	165.27	82.46	93.69	116.43	147.14
2012	322.98	53.87	175.56	166.55	71.54	234.19	127.71	200.05	112.08	95.26	101.55	170.73
2013	370.99	70.44	234.68	202.26	78.37	229.78	88.89	212.35	132.85	165.93	133.34	230.09
2014	388.70	75.20	252.40	184.70	71.00	134.70	129.80	120.10	112.30	287.80	148.90	228.70
2015	425.30	116.00	278.10	223.60	83.70	147.90	146.90	152.40	128.00	325.70	189.90	209.50

表 3.8　西部 12 省(区、市)2006—2015 年农民人均纯收入构成(转移性收入)

单位：元

年份	内蒙古	广西	重庆	四川	贵州	云南	西藏	陕西	甘肃	青海	宁夏	新疆
2006	260.16	69.96	187.07	143.50	119.38	94.85	300.06	140.04	152.27	230.05	221.63	101.51
2007	333.10	92.77	266.41	183.60	160.39	115.88	306.47	188.91	162.43	287.64	239.27	110.02
2008	516.79	174.58	294.03	367.74	217.86	218.50	385.60	331.87	293.08	326.80	323.64	179.23
2009	622.55	245.50	379.23	473.05	311.63	277.85	512.90	346.32	367.87	481.32	354.71	230.77
2010	658.61	292.30	527.41	431.36	344.56	335.07	551.97	391.27	329.34	499.07	366.45	309.91
2011	775.62	361.80	697.96	574.02	392.13	398.27	640.03	449.95	398.18	650.59	398.85	603.13
2012	1140.17	473.17	831.63	741.09	454.53	418.38	711.08	540.18	492.12	1057.51	496.73	975.95

续表

年份	内蒙古	广西	重庆	四川	贵州	云南	西藏	陕西	甘肃	青海	宁夏	新疆
2013	1181.73	587.83	871.66	829.08	427.17	531.97	857.05	639.02	540.51	1112.67	669.26	1100.05
2014	1644.40	2224.90	2639.10	2128.50	1435.70	1103.30	1296.50	1844.50	1646.90	1932.10	1225.40	1467.70
2015	1915.50	2442.10	2868.60	2363.00	1527.30	1177.90	1286.30	2079.50	1808.10	2314.60	1477.50	1686.70

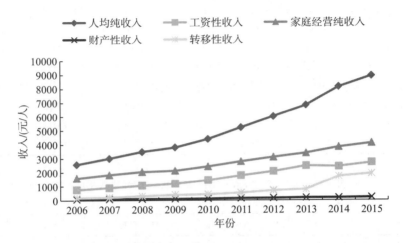

图 3.8　2006—2015 年西部地区农民人均纯收入及其构成平均值变化趋势

表 3.9 给出了西部地区 2006—2015 年农民人均纯收入及其构成的地区间平均值。具体来讲，人均纯收入地区间平均值从 2006 年的 2575.72 元增加至 2015 年的 8914.13 元，西部地区人均纯收入及其构成在此期间有显著的提升。

表 3.9　西部地区 2006—2015 年农民人均纯收入及其构成的地区间平均值　　单位：元

年份	人均纯收入	工资性收入	家庭经营纯收入	财产性收入	转移性收入
2006	2575.72	753.02	1589.47	65.03	168.37
2007	3004.22	895.23	1825.35	79.73	203.91
2008	3481.26	1052.70	2036.17	89.92	302.48
2009	3788.36	1188.79	2122.01	93.92	383.64
2010	4392.42	1434.86	2422.91	114.87	419.78
2011	5220.94	1770.01	2784.56	138.00	528.38
2012	6008.34	2069.50	3091.79	152.67	694.38
2013	6816.81	2475.69	3382.95	179.16	779.00
2014	8134.90	2423.55	3817.08	177.86	1715.75
2015	8914.13	2702.90	4096.73	202.25	1912.26

3.2.2　西部地区内部收入不平等状况

1. 西部 11 省区总体收入差距

基尼系数作为衡量收入差距的主要指标之一，常用于社会经济差距评价。本节亦采用基尼系数分析我国西部省(区、市)2006—2016 年的收入差距及其变化趋势。一般来说，基尼系数的数值介于 0～1 之间，基尼系数越小，表示收入分配越平均，反之则表示收入分配差别越大，按照国际通用标准，基尼系数在 0.4～0.5 之间表示收入分配差距较大。

根据我国各省统计年鉴数据，城镇居民收入分组的数据统计格式与农村居民收入分组数据的统计格式并不统一，城镇居民收入在 1986 年之后按照收入等级为非等分的 7 组进行统计，而农村居民收入在 2001 年之后则按收入等级为等分的 5 组进行统计，并且部分省(区、市)之间居民收入分组数据在统计格式上也具有一定的差异性，例如，内蒙古 2012 年以前按照收入区间分组数据进行统计，2012 年以后则按照收入等级划分的农村居民收入进行统计。为保持数据的一致性，本章采用田卫民(2012)的方法计算收入基尼系数，将基尼系数划分为农村内部基尼系数、城镇内部基尼系数和城乡整体基尼系数三类来观察西部地区农村居民的收入现状及其演化趋势，这种计算方式的一个优点体现在，既可以计算按非等分组方式统计的居民收入基尼系数，又可以计算按照等分方式统计的居民收入基尼系数。具体而言，首先按照式(3.1)采用计算出农村内部的基尼系数、城镇内部的基尼系数，然后再按照式(3.2)来计算各省(区、市)的整体基尼系数。计算公式如下：

$$G = 1 - \frac{1}{PW}\sum_{i=1}^{n}\left(W_{i-1} + W_i\right) \times P_i \tag{3.1}$$

式(3.1)中，G 表示基尼系数；P 表示省(区、市)调查总人口；W 表示省(区、市)调查对象的总收入；W_i 表示累计到第 i 组的总收入；P_i 表示第 i 组的人口总数。

$$Gini = P_c^2 \frac{u_c}{u}G_c + P_r^2 \frac{u_r}{u}G_r + P_c P_r \frac{u_c - u_r}{u} \tag{3.2}$$

式(3.2)中，$Gini$ 表示整体基尼系数；G_c 表示城镇居民收入差距的基尼系数；G_r 表示农村居民收入差距的基尼系数；P_c 表示城镇人口比重；P_r 表示农村人口比重；u_c 表示城镇人均收入；u_r 表示农村人均收入；u 代表全省(区、市)的人均收入。对于按照收入区间分组统计的居民收入，根据田卫民(2012)的方法，最低收入组和最高收入组的开区间数据的取值参照表 3.10。

结合表(3.10)的数据，采用式(3.1)计算出 2006—2016 年西部 11 省(区、市)农村居民收入基尼系数、城镇居民收入基尼系数。其中，2006—2010 年农村居民收入基尼系数与城镇居民收入基尼系数均采用田卫民(2012)的数据。由于宁夏和云南自 2011 年开始、青海自 2012 年开始、重庆和新疆自 2016 年开始不再统计按

照收入分组的农村居民收入，加之，新疆 2013 年按收入分组统计的农村居民收入
数据缺失，因此，2011—2016 年相应的农村居民收入基尼系数根据各省(区、市)
统计年鉴的相关数据计算得到，计算结果如表 3.11 所示。

表 3.10　开口组数列的平均值

最低收入组开区间	平均收入/元	最高收入组开区间	平均收入/元
100 元以下	−300	1000 元以上	3000
200 元以下	−200	2000 元以上	4000
300 元以下	−100	3000 元以上	5000
400 元以下	0	4000 元以上	6000
500 元以下	100	5000 元以上	8000
600 元以下	200	7000 元以上	10000
1000 元以下	300	8000 元以上	11000
2000 元以下	600	15000 元以上	18000

表 3.11　2006—2016 年西部 11 省(区、市)农村居民收入基尼系数

地区	2006	2007	2008	2009	2010	2011	2012	2013	2014	2015	2016
内蒙古	0.288	0.255	0.221	0.378	0.360	0.339	0.307	0.416	0.443	0.418	0.383
新疆	0.393	0.384	0.366	0.372	0.373	0.380	0.326	—	0.411	0.406	—
重庆	0.262	0.270	0.290	0.297	0.275	0.276	0.300	0.277	0.277	0.278	—
四川	0.245	0.247	0.237	0.263	0.286	0.255	0.280	0.294	0.331	0.323	0.342
贵州	0.296	0.303	0.310	0.317	0.323	0.304	0.292	0.287	0.303	0.310	0.336
云南	0.294	0.400	0.403	0.437	0.439	—					
陕西	0.296	0.297	0.312	0.297	0.295	0.286	0.269	0.310	0.322	0.323	0.352
宁夏	0.376	0.371	0.381	0.348	0.376	—					
甘肃	0.349	0.343	0.341	0.349	0.317	0.342	0.266	0.352	0.321	0.352	0.368
广西	0.269	0.279	0.292	0.309	0.284	0.318	0.305	0.295	0.304	0.304	0.306
青海	0.375	0.367	0.359	0.356	0.340	0.329					

注：—表示该年的数据缺失。

根据表 3.11 可以发现，西部大部分省(区、市)农村内部收入分配不均衡。广
西、重庆、四川、贵州、陕西农村内部基尼系数都稳定在 0.3 左右，农民收入分
配比较平均。2013—2015 年内蒙古的基尼系数均超过了 0.4，虽然在 2016 年有所
降低，但依然达到了 0.383，一种可能的解释是，内蒙古地域辽阔，地理因素差异
和资源差异可能造成自治区内部不同地区的农牧民收入分配存在较为严重的失

衡。新疆 2014 年和 2015 年的基尼系数也超过了 0.4，说明新疆农民收入分配也存在较为严重的不平衡现象。而位于黄土高原、青藏高原和内蒙古高原三大高原交汇地带的宁夏、青海和甘肃三省（自治区）农村内部基尼系数均超过 0.3，有些年份甚至接近 0.38，一种可能的解释是，在宁夏、青海和甘肃三省（自治区）内的那些位于高原先天脆弱生态系统地区的农民的收入相对较低，其余地理环境相对较好的地区的农民的收入相对较高。

同理，对西部 11 省（区、市）城镇而言，由于云南和青海自 2013 年开始、重庆自 2016 年开始均不再统计按照收入分组的城镇居民收入，因此 2013 年后相应的城镇居民收入基尼系数根据各省份统计年鉴相关数据计算得到，计算结果如表 3.12 所示。

表 3.12　2006—2016 年西部 11 省（区、市）城镇居民收入基尼系数

地区	2006	2007	2008	2009	2010	2011	2012	2013	2014	2015	2016
内蒙古	0.281	0.261	0.305	0.294	0.292	0.307	0.289	0.319	0.312	0.310	0.297
新疆	0.271	0.268	0.302	0.293	0.296	0.296	0.270	0.243	0.281	0.278	0.295
重庆	0.287	0.290	0.282	0.276	0.272	0.197	0.232	0.245	0.251	0.249	—
四川	0.307	0.297	0.290	0.294	0.270	0.275	0.273	0.274	0.293	0.276	0.296
贵州	0.294	0.308	0.308	0.302	0.301	0.310	0.292	0.287	0.292	0.285	0.297
云南	0.318	0.317	0.316	0.316	0.295	0.294	0.275	—	—	—	—
陕西	0.273	0.279	0.288	0.283	0.322	0.255	0.260	0.295	0.285	0.284	0.284
宁夏	0.317	0.323	0.320	0.315	0.321	0.310	0.307	0.289	0.366	0.322	0.353
甘肃	0.275	0.297	0.302	0.307	0.291	0.279	0.268	0.263	0.239	0.264	0.266
广西	0.304	0.311	0.286	0.283	0.272	0.287	0.277	0.296	0.291	0.264	0.300
青海	0.316	0.324	0.377	0.365	0.375	0.389	0.352	—	—	—	—

注：—表示该年的数据缺失。

为便于分析基尼系数的变动趋势，假定数据缺失的年份的基尼系数与其前一年的基尼系数保持不变，根据式（3.2），结合表 3.11 和表 3.12 的数据计算出西部 11 省（区、市）2006—2016 年总体的居民收入基尼系数，结果如表 3.13 所示。其中，2006—2010 年总体的居民收入基尼系数引用田卫民（2012）的数据。

表 3.13　2006—2016 年西部 11 省（区、市）总体的居民收入基尼系数

地区	2006	2007	2008	2009	2010	2011	2012	2013	2014	2015	2016
内蒙古	0.408	0.397	0.405	0.423	0.415	0.403	0.388	0.414	0.410	0.407	0.401
广西	0.438	0.454	0.452	0.456	0.441	0.442	0.431	0.415	0.412	0.400	0.411

地区	2006	2007	2008	2009	2010	2011	2012	2013	2014	2015	2016
重庆	0.447	0.442	0.434	0.430	0.400	0.354	0.367	0.366	0.363	0.360	0.363
四川	0.386	0.388	0.379	0.393	0.393	0.385	0.387	0.387	0.397	0.391	0.402
贵州	0.490	0.491	0.480	0.484	0.476	0.469	0.459	0.453	0.464	0.468	0.483
云南	0.431	0.486	0.482	0.438	0.437	0.488	0.476	0.471	0.471	0.469	0.471
陕西	0.461	0.459	0.464	0.459	0.412	0.420	0.413	0.436	0.433	0.432	0.438
甘肃	0.482	0.490	0.478	0.479	0.460	0.460	0.440	0.461	0.451	0.465	0.473
青海	0.473	0.474	0.486	0.481	0.465	0.461	0.441	0.448	0.448	0.452	0.459
宁夏	0.444	0.448	0.453	0.442	0.436	0.428	0.423	0.404	0.440	0.426	0.441
新疆	0.435	0.431	0.437	0.429	0.416	0.408	0.386	0.373	0.404	0.417	0.426

　　此外，为便于分析西部 11 省(区、市)基尼系数的变化趋势，以 2006 年、2009 年、2012 年、2015 年、2016 年五年的数据为例，采用非参数计量分析模型中的核密度法来估计西部省(区、市)总体的居民收入基尼系数的密度函数，结果如图 3.9 所示。

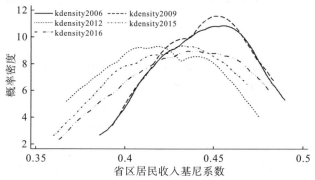

图 3.9　西部 11 省(区、市)居民收入基尼系数密度函数图

注：图中的居民收入基尼系数即表示总的居民收入基尼系数，

图 3.10 与之相同。Kdensity 代表核密度，后文与之相同。

　　从图 3.9 可以看出，西部 11 省(区、市)居民收入基尼系数密度函数的变化趋势可以分为 2006—2009 年和 2012—2016 年两个阶段，与 2006—2009 年相比，2012—2016 年西部省(区、市)总体居民收入基尼系数密度函数的峰值与均值均有明显下降的趋势，这表明 2012—2016 年西部省(区、市)总体的居民收入基尼系数密度函数均值附近的居民收入基尼系数呈现出扩散趋势。具体而言，西部地区以往接近均值附近的省(区、市)居民收入差距在逐渐扩大，且其平均居民收入基尼系数大于 0.4。

为进一步了解西部地区城镇内部基尼系数、农村内部基尼系数与总的居民基尼系数之间的差异,采用非参数计量分析模型中的核密度估计得到 2016 年城镇居民收入基尼系数、农村居民收入基尼系数与总的居民收入基尼系数的密度函数,具体如图 3.10 所示。

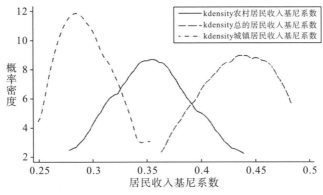

图 3.10　2016 年基尼系数密度函数对比

并对西部 11 省(区、市)2006—2016 年的城镇内部基尼系数、农村内部基尼系数与总的居民内部基尼系数进行描述性分析,结果如表 3.14 所示。

表 3.14　　　描述性统计分析

变量名称	均值	标准差	最小值	最大值	样本量
农村居民收入基尼系数	0.333	0.052	0.221	0.443	121
城镇居民收入基尼系数	0.294	0.030	0.197	0.389	121
总的居民收入基尼系数	0.435	0.034	0.354	0.491	121

综合图 3.10 和表 3.14 的结果可以发现,总的居民收入基尼系数均值>农村居民收入基尼系数均值>城镇居民收入基尼系数均值。由于总的居民收入差距包括了城镇内部的收入差距、农村内部的收入差距,以及城乡之间的收入差距,因而总的居民收入基尼系数大于农村居民收入基尼系数和城镇居民收入基尼系数。同时,农村居民收入基尼系数均值>城镇居民收入基尼系数均值,表明西部各省(区、市)城乡居民收入差距的存在性。

2. 西部各省(区、市)城乡收入差距

鉴于按照基尼系数的常规计算方法通常难以得到省域城镇和农村之间的收入差距,因而本节借鉴范从来和张中锦(2011)的研究,直接采用城乡居民总收入相对不平等系数来表示城乡之间的收入差距,其计算方法如式(3.3)所示:

$$gap = \frac{(I_u - I_r)}{\sqrt{I_u \times I_r}} \tag{3.3}$$

式(3.3)中，gap 表示城乡居民总收入相对不平等系数，用来表示城乡之间的收入差距；I_u 表示城镇居民人均总收入；I_r 表示农村居民人均总收入。

采用式(3.3)计算出 2006—2016 年西部 11 省(区、市)城乡居民总收入相对不平等系数，结果如表 3.15 所示。

表 3.15　2006—2016 年西部 11 省(区、市)城乡居民总收入相对不平等系数

地区	2006	2007	2008	2009	2010	2011	2012	2013	2014	2015	2016
内蒙古	1.19	1.20	1.19	1.23	1.23	1.18	1.17	1.14	1.09	1.09	1.09
广西	1.36	1.43	1.45	1.46	1.42	1.37	1.35	1.31	1.09	1.07	1.05
重庆	1.51	1.37	1.33	1.34	1.27	1.20	1.20	1.16	1.01	0.99	0.98
四川	1.20	1.20	1.18	1.19	1.17	1.12	1.12	1.09	0.99	0.97	0.96
贵州	1.68	1.65	1.56	1.59	1.52	1.49	1.48	1.44	1.29	1.28	1.27
云南	1.64	1.61	1.58	1.59	1.52	1.48	1.47	1.43	1.25	1.23	1.22
陕西	1.53	1.52	1.53	1.53	1.44	1.38	1.37	1.34	1.18	1.17	1.14
甘肃	1.56	1.59	1.51	1.50	1.45	1.45	1.44	1.41	1.33	1.31	1.32
青海	1.44	1.45	1.44	1.43	1.37	1.30	1.26	1.21	1.18	1.19	1.19
宁夏	1.28	1.31	1.34	1.32	1.26	1.25	1.23	1.21	1.06	1.06	1.06
新疆	1.24	1.24	1.25	1.21	1.13	1.10	1.08	1.04	1.02	1.07	1.07

从表 3.15 可以发现，西部 11 省(区、市)在 2006—2016 年城乡居民总收入相对不平等系数均呈现出下降趋势，其中四川和重庆分别在 2014 年和 2015 年先后下降到了 1 以下，而其余省份到 2016 年却仍然保持在 1 以上。

同理，也采用非参数计量分析模型中的核密度估计方法得到 2006 年、2009 年、2012 年、2015 年、2016 年西部地区除西藏以外的 11 省(区、市)的城乡居民总收入相对不平等系数的密度函数，如图 3.11 所示。

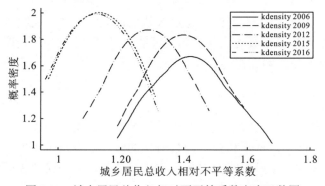

图 3.11　城乡居民总收入相对不平等系数密度函数图

从图 3.11 可以看出，2006—2016 年城乡居民总收入相对不平等系数密度函数的峰值逐步上升，且该均值快速向左移动，但变动区间较小，这表明西部省(区、市)城乡之间的收入差距在逐步缩小，这与表 3.15 显示的结果具有一致性。同时，2016 年西部省(区、市)平均的城乡收入差距水平下降到 1.2 以下，且密度函数的峰值上升，这表明西部 11 省(区、市)之间的城乡居民总收入相对不平等系数的差距也在逐步缩小。

3.3　农村交通基础设施与经济增长及收入差距之间相关性

本节首先从宏观和微观两种视角检验与分析西部地区农村交通基础设施与农民收入的中介变量——农村经济增长之间的因果关系。为提高检验结果的可靠性和甄别变量之间因果关系的稳定性，对相关的时间序列做了单位根检验和协整检验。其次，采用构建面板向量自回归模型(PVAR)检验农村交通基础设施与城乡居民收入差距之间的因果关系。

3.3.1　西部地区农村交通基础设施与经济增长之间的因果关系检验

1. 宏观视角

利用 Eviews 8.0 软件，对西部地区 1978—2013 年的时间序列农村交通基础设施(T)的平稳性进行检验，选择 ADF 检验方法。为消除原始数据可能存在的异方差带来的估计偏误，对原始数据进行了对数化处理，即对序列 $\ln GDP$ 和 $\ln T$ 进行平稳性分析。结果见表 3.16。

表 3.16　$\ln GDP$ 和 $\ln T$ 单位根检验结果

变量	检验类型	检验值	Prob.	结论
$\ln GDP$	$(c, t, 7)$	−0.942714	0.9389	不平稳
$\ln T$	$(c, t, 3)$	−2.091255	0.5326	不平稳
$\Delta \ln GDP$	$(c, t, 3)$	−3.606715	0.0441	平稳
$\Delta \ln T$	$(c, t, 3)$	−5.907972	0.0001	平稳

注：$\Delta \ln GDP$ 和 $\Delta \ln T$ 是 $\ln GDP$ 和 $\ln T$ 的一阶差分，c、t 分别表示单位根检验方程中含有常数项与时间趋势项；数字代表滞后期，采用赤池信息准则(AIC)和施瓦泽信息准则(SC)选取最佳滞后期；在 5% 的显著性水平下检验。

表 3.16 的结果说明时间序列 $\ln GDP$ 和 $\ln T$ 均为非平稳序列，经过一阶差分以后均变为平稳序列，即一阶单整序列。

　　为验证时间序列 lnGDP 和 ln$T$ 之间是否存在长期稳定的关系，需要进行协整性检验。选用 Johansen 协整检验，经检验发现 lnGDP 和 ln$T$ 之间存在长期稳定的关系。在确定二者之间的协整关系的基础上，再对 GDP 和 T 进行 Granger 因果关系检验，确定二者之间是否存在因果关系，是单向因果关系，还是双向因果关系。Granger 因果检验的结果见表 3.17。

表 3.17　西部地区农村交通基础设施和经济增长之间的因果关系检验

原假设	滞后期	F-Statistic	Prob.
T 不是 GDP 的 Granger 原因	1	10.9644	0.0023
GDP 不是 T 的 Granger 原因		2.20067	0.1477
T 不是 GDP 的 Granger 原因	2	4.82922	0.0155
GDP 不是 T 的 Granger 原因		1.57824	0.2236
T 不是 GDP 的 Granger 原因	3	8.76752	0.0003
GDP 不是 T 的 Granger 原因		1.17543	0.3382
T 不是 GDP 的 Granger 原因	4	6.44593	0.0012
GDP 不是 T 的 Granger 原因		1.14199	0.3618
T 不是 GDP 的 Granger 原因	5	5.44538	0.0025
GDP 不是 T 的 Granger 原因		0.92777	0.4838

　　由表 3.17 可知，在 5%的显著性水平下，滞后 1~5 期均拒绝了农村交通基础设施不是经济增长的 Granger 原因这一原假设，且均接受了经济增长不是农村交通基础设施的 Granger 原因这一原假设，由此可以判断，西部 11 省(区、市)的农村交通基础设施和经济增长之间仅存在单向的 Granger 因果关系，即农村交通基础设施是经济增长的 Granger 原因，而经济增长不是农村交通基础设施的 Granger 原因，这表明，西部省(区、市)的农村交通基础设施投资可能促进其经济增长。

　　2. 中观视角

　　1)数据来源及模型选取

　　采用 Granger 因果关系检验中国西部地区省域层面的农村交通基础设施及其与经济增长之间的因果关系，不仅有利于了解中国西部地区农村交通基础设施与经济增长存在的因果关系是单向的还是双向的，而且有助于进一步了解农村经济增长对农村交通基础设施的发展是否存在影响，以及农村交通基础设施的发展对于农村经济发展的重要性等问题。

　　在检验中，选择农村公路路网密度作为农村交通基础设施发展的指标，选择农民家庭人均纯收入作为农村经济增长的指标，且具体步骤包括平稳性检验和

Granger 因果关系检验等。在本章中农村公路路网密度等于农村公路年末里程除以
农村的面积，而农村的面积等于省(区、市)的面积减去地级市及以上地区的建成
面积。在样本数据选择方面，来源于《中国城市统计年鉴》、《中国统计年鉴》
和 EPS 数据库，但 2006 年前的数据难以获取，所以选择 2006—2014 年的样本数
据来进行分析，由于西藏的数据缺失甚为严重，因此主要研究除西藏以外的 11
省(区、市)。

　　2)平稳性检验

　　Granger 因果检验的前提条件就是序列的平稳性，因此，首先检验时间序列的
平稳性，即对西部的农村公路路网密度和农村居民家庭人均纯收入进行单位根检
验。由于数据的可得性和一致性等限制，以农村公路路网密度(用 RRD 来表示)
代表农村交通基础设施建设发展的指标，以农村居民家庭人均纯收入(用 VPI 来表
示)代表农村经济增长的指标。为了消除数据中存在的异方差，对每个变量取对数，
即 $\ln RRD$ 和 $\ln VPI$，其相应的差分序列为 $\Delta \ln RRD$ 和 $\Delta \ln VPI$。表 3.18 给出了农村
交通基础设施与经济增长序列的 ADF 检验值。

表 3.18　农村交通基础设施与经济增长序列的 ADF 检验值

变量	ADF 检验值	结论
$\ln RRD$	0.0672	不平稳
$\Delta \ln RRD$	0.0028	平稳
$\ln VPI$	0.0285	平稳
$\Delta \ln VPI$	0.0029	平稳

资料来源：依据计量结果整理而得。

　　由表 3.18 可知，采用 ADF 检验的具体结果如下：$\ln RRD$ 的 ADF 值为 0.0672，
大于 5%，说明该序列存在单位根，即农村公路路网密度为非平稳序列，而 $\ln VPI$
的 ADF 值为 0.0285，小于 5%，说明该序列在 5%的显著性水平下不存在单位根，
即农村居民家庭人均纯收入为平稳序列。

　　经过差分后的 $\Delta \ln RRD$ 和 $\Delta \ln VPI$ 的 ADF 值为 0.0028 和 0.0029，都小于 5%，
说明这两个序列在 5%的显著性水平下为平稳序列，因此可以对其进行 Granger 因
果检验，分析农村交通基础设施的发展与农村经济增长之间的因果关系。

　　3)Granger 因果检验

　　上文表明进行差分后，农村公路路网密度和农村居民家庭纯收入在 5%的显
著性水平下为平稳序列，因此对 $\Delta \ln RRD$ 和 $\Delta \ln VPI$ 进行 Granger 因果检验，验
证农村交通基础设施的发展与农村经济增长是否存在因果关系，结果如表 3.19
所示。

表 3.19   西部农村交通基础设施发展与农村经济增长之间的因果关系检验

原假设	省份	F 统计值	P 值	结论
农村经济增长不是农村交通基础设施发展的 Granger 原因	四川	0.3117	0.7848	接受
	陕西	4.3839	0.3200	接受
	云南	0.3026	0.7893	接受
	广西	16.8490	0.1698	接受
	甘肃	2.0314	0.4444	接受
	贵州	2.5297	0.4062	接受
	重庆	3756.9000	0.0115	拒绝
	内蒙古	2.0376	0.4439	接受
	新疆	1.7971	0.4665	接受
	宁夏	226.4170	0.0469	拒绝
	青海	0.2654	0.8083	接受
农村交通基础设施发展不是农村经济增长的 Granger 原因	四川	2.0284	0.4447	接受
	陕西	1.9790	0.4491	接受
	云南	7.1773	0.2552	接受
	广西	1.1148	0.5564	接受
	甘肃	5.3679	0.2919	接受
	贵州	79.3389	0.0791	接受
	重庆	0.0447	0.9581	接受
	内蒙古	5.8042	0.2816	接受
	新疆	0.2178	0.8346	接受
	宁夏	0.1017	0.9116	接受
	青海	1.9774	0.4493	接受

资料来源：依据计量结果整理而得。

由表 3.19 可知，在农村经济增长不是农村交通基础设施发展的 Granger 原因的原假设中，重庆和宁夏的 P 值分别为 0.0115 和 0.0469，都小于 5%，应该拒绝原假设，即拒绝重庆和宁夏农村的经济增长不是农村交通基础设施发展的 Granger 原因的原假设，表明重庆和宁夏农村经济的发展有利于促进其地区农村交通设施的发展。四川、陕西、云南等省的 P 值都大于 5%，说明接受原假设，即农村经济增长不是农村交通基础设施发展的 Granger 原因。这种情况的出现，可能是因为农村经济增长虽然对农村交通基础设施的发展有影响，但是仅仅依靠农村经济增长不能完全推动农村交通基础设施的发展,还需要国家的统筹和社会的帮助。

对农村交通基础设施发展不是农村经济增长的 Granger 原因的原假设,除西藏外的 11 个省(区、市)的 P 值均大于 5%,表明交通基础设施的发展不是经济增长的 Granger 原因。另一方面,尽管从总体上看,西部地区农村交通基础设施的发展有利于西部地区农村的经济增长,但是分省检验的结果却并不支持这一结论,即使在西部农村公路路网密度最大的重庆,其农村交通基础设施的发展也不是农村经济增长的 Granger 原因,一种可能的解释是我国西部地区的交通网络密度尚未达到一定的门槛值,因而难以拉动其农村经济增长等原因所致。

3.3.2　西部农村交通基础设施与城乡收入差距之间的因果关系检验

1. 西部农村道路与城乡收入差距的相关性分析

为了更好地分析西部农村道路与城乡收入差距之间的关系,本节对比分析 2006—2016 年西部除去西藏以外的 11 省(区、市)的农村有效路网密度与城乡居民总收入相对不平等系数的变化情况,具体如图 3.12 所示。

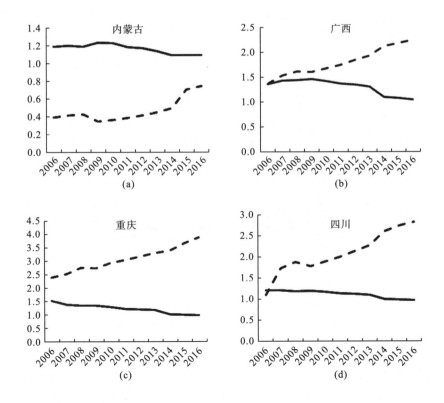

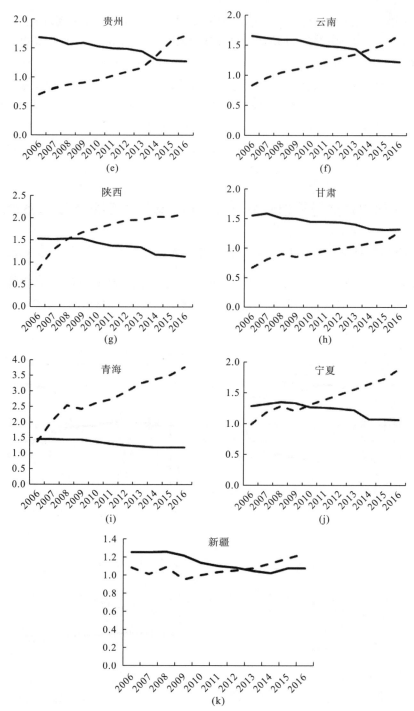

图 3.12　西部 11 省(区、市)城乡相对不平等系数及路网密度的变化对比图

注：虚线表示农村道路情况(为便于观察，将农村有效路网密度除以 10 来表征农村道路情况)，
　　实线表示地区城乡收入差距(以城乡居民总收入相对不平等系数来表示)。

从图 3.12 可以看出，2006—2016 年，除新疆以外，西部其余 10 个省(区、市)的农村有效路网密度均呈现出明显的上升趋势，而各省(区、市)相应的城乡收入差距则均呈现下降趋势，由此可以初步推测出，随着西部地区农村有效路网密度的提升可能引起城乡收入差距的相应缩小。

2. 西部农村交通基础设施与城乡收入差距之间的因果关系检验

为进一步检验西部农村道路与城乡收入差距之间的关系，本节利用西部 11 省(区、市)2006—2016 年的省级数据，结合面板向量自回归模型(PVAR)检验西部农村道路与城乡收入差距是否存在统计意义上的因果关系。

1)模型构建和检验方法说明

Granger 因果关系检验是检验变量之间是否存在统计意义上的因果关系的常用方法。借鉴 Holtz-Eakin(1988)的面板向量自回归模型(PVAR)，本节提出农村道路是城乡收入差距的 Granger 原因的检验模型，如式(3.4)所示。采用面板向量自回归模型(PVAR)包含了截面数据和时间序列数据，增大了样本容量，从而增加了 Granger 检验的自由度，降低了自变量之间的共线性，相比向量自回归模型(VAR)，降低了对时间序列长度的限制性要求，可以较好地捕捉到样本个体差异性对于模型参数的影响，具有更大的检验准确性。

$$Y_{it} = \sum_{m=1}^{p} \alpha_m Y_{i,t-m} + \sum_{m=1}^{p} \beta_m X_{i,t-m} + u_i + w_t + \varepsilon_{it} \quad (3.4)$$

式(3.4)中，Y_{it} 表示城乡收入差距，以城乡居民总收入相对不平等系数来表示；$X_{i,t-m}$ 表示滞后期为 m 的农村道路变量，以农村有效路网密度来表示；t 表示时间；i 表示省份；u_i 表示省份 i 的异质性(即个体效应)；ε_{it} 表示随机误差项；p 表示模型中的滞后阶数；α_m 和 β_m 表示变量的回归系数；w_t 表示时间效应误差。假定城乡收入差距 Y_{it} 与其自身及农村道路 X_{it} 的过去值相关，若表示农村道路 X_{it} 的系数显著不为 0，则说明农村道路 X_{it} 是城乡收入差距 Y_{it} 的 Granger 原因。

2)平稳性检验

根据 Granger 因果关系检验的步骤，首先需要检验面板数据的平稳性，若检验结果为非平稳性序列，则首先需要作协整检验之后，再进行 Granger 因果关系检验。依据高铁梅(2009)的研究方法，本节的平稳性检验将采用相同单位根检验 LLC 检验和不同单位根检验 ADF-Fisher 检验两种方法展开，若两者检验均拒绝存在单位根的原假设，则表明此序列为平稳序列，反之则为非平稳序列。ADF-Fisher 检验，包含了既有趋势项又有截距项、只包含截距项、两者都无等三种形式(潘文卿等，2011)，只要任意一种模型能够拒绝存在单位根的原假设，则可认为此序列平稳。若在原始序列(Level)下平稳，则称为零阶单整，若在一阶差分序列下平稳则称为一阶单整，以此类推。下面以农村有效路网密度表征农村道路的发展状况，以城乡总收入相对不平等系数表示城乡收入差距,对 2006—2016 年的农村道路情况和城乡总收入相对不平等系数进行平稳性检验,结果如表 3.20 所示。根据表 3.20 可以发现,在 LLC 和 ADF-Fisher 检验中,农村道路和城乡收入差距均在 1% 的显著性水平下显著,即农村道路和城乡收入差距变量均不存在单位根,表明农村道路和城乡收入差距变量序列是平稳的,不必对该面板数据作协整检验,可以直接进行 Granger 检验了。

表 3.20　平稳性检验结果

方法	农村道路		城乡收入差距	
	统计量	显著性概率	统计量	显著性概率
LLC 检验	−5.715	0.000***	−2.499	0.006***
ADF-Fisher	77.297	0.000***	55.310	0.000***

3)检验结果分析

结合式(3.4),2006—2016 年西部 11 省(区、市)农村的有效路网密度及城乡总收入相对不平等系数的面板数据,应用向量自回归模型中的 PVAR 模型对农村道路是不是城乡收入差距的 Granger 因果进行单向检验,PVAR 模型的最优滞后阶数需要根据时间长度来确定,如果 T 为时间长度,P 为滞后阶数,只要 T 满足 $T \geqslant 2P+2$,PVAR 模型即可以在稳态下得到滞后项参数,由于本节的面板数据的时间跨度为 11 年,因此,其最大滞后期为 4。面板 Granger 因果检验结果如表 3.21 所示。

表 3.21　面板 Granger 因果检验结果

原假设	滞后期	统计量	显著性概率
农村道路不是城乡收入差距的 Granger 原因	1	0.004	0.951
农村道路不是城乡收入差距的 Granger 原因	2	15.369	0.000
农村道路不是城乡收入差距的 Granger 原因	3	23.638	0.000
农村道路不是城乡收入差距的 Granger 原因	4	29.699	0.000

从表 3.21 可以发现,当滞后期为 1 时,原假设的 P 值为 0.951(对应的 F 值为 0.004),远大于公认的最高显著性检验标准(即 P 值等于 10%),表明面板 Granger 检验结果为支持原假设,即农村道路不是城乡收入差距的 Granger 原因;当滞后期为 2 时,原假设对应的 P 值为 0.000(对应的 F 值为 15.369),当滞后期为 3 时,原假设对应的 P 值为 0.000(对应的 F 值为 23.638),当滞后期为 4 时,原假设对应的 P 值为 0.000(对应的 F 值为 29.699),由此可见,在滞后 2~4 期时,原假设

在 1%的显著性水平上均具有显著性，则表明当滞后期为 2 期、3 期以及 4 期时，面板 Granger 检验结果均拒绝原假设，即西部 11 省(区、市)的农村道路是其城乡收入差距的 Granger 原因。这表明西部地区的农村道路的改善会缩小西部省(区、市)的城乡收入差距，但这种影响一般不会马上显示出来，而是具有一定的滞后性。

3.4　西部地区农村交通基础设施发展存在的主要问题

3.4.1　空间分布失衡性问题

西部 12 省(区、市)农村交通基础设施的分布存在较为严重的失衡现象。图 3.13 给出了 2014 年西部各省(区、市)农村公路年末里程占西部地区农村年末里程的比例。

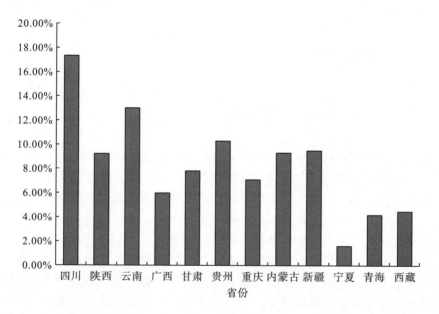

图 3.13　2014 年西部各省(区、市)农村公路年末里程占西部地区农村年末里程的比例①

由图 3.13 和表 3.1 可以看出，西部 12 省(区、市)的农村交通基础设施虽然有所发展，但是各省(区、市)之间差距较大。从农村公路年末里程来看，四川省和云南省的农村公路年末里程远远大于其他省(区、市)，四川省 2014 年的公路年末里程是宁夏的 10.73 倍，云南省 2014 年的农村公路年末里程则是宁夏的 8.1 倍。

---

① 资料来源：依据 EPS 数据库相关数据绘制而得。

从农村公路年末里程增加量来看，西部 12 个省(区、市)分为 3 种情况：第一种是部分省(区、市)农村公路年末里程增加量呈波动下降趋势；第二种是部分省(区、市)的农村公路年末里程增加量呈波动上升趋势；第三种是新疆的农村公路年末里程增加量出现过负数。这 3 种情况的出现可能是西部各省(区、市)的农村交通基础设施发展所处的地理环境和社会经济发展的异质性及公路养护情况不同等因素导致的。

上述情形均表明，西部各省(区、市)农村交通基础设施发展在空间分布上存在较为明显的不均衡现象，一些省(区、市)农村交通基础设施得到很好的发展，而另一些省(区、市)的农村交通基础设施的发展却相对滞后。从各省(区、市)2014年的农村公路年末里程占西部地区农村公路年末里程的比例来看(图 3.13)，2014年四川省农村公路年末里程所占比例为 17.35%，居于首位，而宁夏所占比例为1.62%，各省(区、市)的农村公路年末里程占西部地区农村公路年末里程的比例超过 10%的有四川、云南和贵州，低于 5%的有宁夏、青海、西藏，结合各省的面积来看，也表明从公路看，西部各省(区、市)之间的农村交通基础设施在总量和空间分布上具有一定的不均衡性，具体来说，四川、云南和贵州在 2014 年农村交通基础设施得到很大的发展，而宁夏、青海和西藏农村交通基础设施虽然有所发展，但其发展速度相对较慢。

3.4.2　农村公路建设资金来源问题

农村公路属于准公共品，其属性决定其投资主体是政府部门及其类似资金。在过去相当长的时期内，中国农村公路建设的资金来源主要是政府的财政专项拨款和农民自筹资金。受农民收入相对偏低的限制，农民能投入的用来修建公路的资金非常有限，这就需要政府部门发挥其主导作用，根据农村公路修建的实际情况进行财政拨款或者采用其他可行方式筹措建设资金。然而，我国自 1949 年以来长期实行的城市偏向发展政策较为严重地挤占了农村交通基础设施的建设资金，导致了农村公路的发展受到极大限制，西部地区尤其如此。当前，农村发展的需要使得对公路需求量的不断增大，在政府的投资不能满足其发展需要的情况下，迫切需要地方政府根据实际情况改善其对农村公路的投资结构，激励社会团体和个人的加入，进而扩大农村公路的建设资金来源，更好地促进农村交通基础设施的发展和农民收入的提高。

3.4.3　农村公路养护问题

农村公路的修建为农民的生产和生活带来了方便，但是对农村公路"只管修，不管养"的情形会造成农村交通基础设施的损坏，从而影响农民的生产和生活。

农村交通基础设施的损坏是由多方面的原因造成的。首先是由于自然的原因，例如，长时间的降雨会导致缺乏养护的农村公路路面发生坍塌和腐蚀；其次是人为原因，由于农村公路缺乏监督管理，一些大型载重车辆在农村公路上行驶，超过了农村公路的准载重范围，使农村公路受到了损害；最后是路面设计方面的原因，在设计农村公路的路面时，没有考虑当地路段的实际情况，导致公路使用年限缩短和在使用过程中经常处于维修等不良状况。所以，农村应建立农村公路养护制度，做到有路必养，养必到位，同时，也应该做到全程监督管理。

3.5　本　章　小　结

（1）2006—2016 年，中国西部 11 省（区、市）的农村道路得到了较快的发展，其总体规模逐步提升，除新疆以外的其余 10 个省（区、市）的农村有效路网密度也呈现出明显的上升趋势，但各省之间的发展水平及其建设速度存在着较大差异，农村道路的总体发展水平依然较低；西部各省之间的人均收入差距和西部地区各省内部的城乡收入差距均逐步缩小，但总体差距仍然普遍较大。

（2）变量之间的因果关系检验表明，从整体上看，西部地区农村交通基础设施的发展有利于该地区农村的经济增长，但基于分省数据的 Granger 因果关系检验却并不支持这一结论，即使对农村公路路网密度位居西部首位的重庆而言，其农村交通基础设施的发展也不是农村经济增长的 Granger 原因，这可能是因为我国西部地区的交通网络密度尚未达到拉动农村经济增长的门槛值等原因所致；而农村交通基础设施的发展仅重庆和宁夏是其经济增长的 Granger 原因。此外，对西部地区农村交通基础设施和城乡收入差距之间因果关系检验表明，改善西部地区农村道路能缩小西部各省（区、市）的城乡收入差距，但这种影响的产生具有一定的滞后性。

（3）西部地区农村公路的建设资金来源较为单一，这在一定程度上制约了农村交通基础设施的发展，有必要扩大农村公路投资资金的来源，在不增加农民负担的前提下，政府可以采取适当措施鼓励私人投资或者当地农民入股等方式进行公路建设，但政府仍应该是农村交通基础设施建设的投资主体。

（4）建立与完善农村的公路养护制度，为农村公路维护提供必要保障。例如，成立农村公路管理部门，接收群众对于公路养护的意见及向群众定期宣传关于公路养护的知识；在村委会成立监督管理小组，定期对公路进行养护及限制大型载重车辆进入。此外，还可以由村民自发监督，对诸如公路路面损坏情况等及时上报，以便及时修整公路，不影响村民的生产和生活。

第4章 农村交通基础设施收入效应门槛值的存在性

通过构建交通基础设施影响农民收入的微分动力学模型并结合西部(除西藏外)11省(区、市)农村现实数据,从理论上刻画与论证交通基础设施收入效应的动态变化过程及门槛效应的存在性,求解出不同地区的门槛值区间及其作用方向与前提。研究发现,农村交通基础设施与农业劳均资本、农业劳均产出和工资等的增长率之间均表现出倒 U 形关系,其作用大小和方向随着各省(区、市)地理位置及其非农资本产出弹性的不同而发生变化,距离适中且保持一定的就业人口是交通基础设施收入效应产生的前提。当前,西部除重庆、四川和广西之外,其余省(区、市)的农村交通基础设施已经达到收入效应不再显著的门槛值区间(任晓红等,2018c)。

4.1 农村交通基础设施收入效应门槛值的存在性论证

通过构建农村交通基础设施收入效应门槛值的微分动力学模型来论证农村交通基础设施收入效应门槛值的存在性。

4.1.1 文献回顾

交通基础设施能改善区域的通达性,从而与资本、劳动力等生产要素相互协调,促进资源优化配置,影响产出(刘秉镰等,2010;张学良,2012)。当前,我国发展不平衡问题在乡村最为突出,农村基础设施和民生领域欠账较多(中央一号文件,2018)。在广大农村地区,城镇对农村形成的挤占效应制约着交通基础设施对农民收入正向边际效应的发挥,基础设施的落后成为农民福利提升和农业发展的瓶颈(张宗益等,2013;李强和郑江淮,2012)。依据《中国统计年鉴》的数据测算,2016年农民人均可支配收入低于 1 万元的贵州、青海、云南、西藏、陕西、宁夏 6 个省(自治区)均位于中国西部地区。西部贫困地区的农村道路设施显著差于东部沿海富裕省份,中国西部落后地区需要更加关注农村道路设施建设(罗仁福等,2011)。

　　基础设施的贡献主要取决于其存量，当低于门槛值时几乎不产生影响，但一旦达到某一临界值时，其影响则可能非常巨大（Aschauer，2000；Baldwin et al.，2003；姚影，2009；黄寿峰和王艺明，2012）。交通基础设施需要形成一定的网络才能显著地影响区域经济增长（Deng et al.，2014），因而交通基础设施的增长作用呈现显著的非线性动态变化趋势（黄寿峰和王艺明，2012）。交通路网的通达作用可能会因基础设施投入的数量差异和经济水平不同导致极化效应，从而加剧收入不平等（Calderón and Chong，2004）。同时，其收入效应还受人力资本与地区经济发展水平、劳动力占比及生产要素流动性（任晓红和张宗益，2013）等因素的影响，某个区域要素流动性的缺乏会阻碍收益地方化和要素集中（Banerjee et al.，2012）。然而，交通基础设施的增长效应也非永无止境，当一个地区或部门的交通基础设施存量达到某一极值后，继续投资会显著降低交通基础设施对经济的拉动作用（刘明等，2013），甚至可能阻碍经济发展（Aschauer，2000）。交通基础设施存量是否达到门槛值与地区经济发展水平和区位条件等因素相关，东中西部地区经济发展和交通基础设施建设等差异使得各地区交通基础设施对经济和收入增长的影响有所不同（宋英杰，2013；董艳梅和朱英明，2017）。经济发展迅速的北京、上海等地区对交通基础设施的需求比中西部地区大很多，尚未达到第一个门槛值，表现出交通基础设施投资不足；而安徽、湖北、贵州、云南等中西部地区超过了第二个门槛值，表现出交通基础设施投资过度（刘明等，2013）。

　　农村交通基础设施作为改善农民贫困、提高农民收入的推动力（刘伦武，2006），对农民收入的影响呈现显著的门槛效应和非对称性（袁伟彦和周小柯，2015）。农村交通基础设施投资对农民收入的影响在东西部地区比较显著，而在中部地区不是很显著（毛圆圆和李白，2010），且不同等级的农村公路在东部和西部地区的作用各不相同（吴清华，2014）。

　　总体而言，交通基础设施的门槛效应在国内外已得到不少实证支持，但鲜有研究从理论上论证交通基础设施收入效应门槛值的存在性及其在扰动中的动态变化过程。此外，针对中国的研究结论差异甚大。为了促进农村公共服务均等化，从推进城乡要素交换等微观视角分析西部地区农村交通基础设施的发展水平或欠账情况，寻找显著影响西部地区农村经济增长和收入不平等的交通网络门槛值、量化合理的交通投资规模（流量），有助于有效推动西部地区农村交通基础设施提档升级，减少农村交通投资盲目性和避免规划不到位产生的浪费问题（适宜规模）。作为要素流动的重要媒介，交通基础设施通过加速城乡间劳动力等要素的流动，促进非农业和农业两个部门的产出和资本积累，进而提高农民的工资性收入和经营纯收入，该影响过程具有动态性和复杂性，城乡间劳动力等要素的价格差是其转移的动力，当农业和非农业要素价格达到均等化时，两个部门的资本和劳动力将达到一定的稳态值（吴清华，2014；刘晓光等，2015；李静，2013）。为此，本书基于交通基础设施对劳动力转移和农业资本增长率的影响，构建交通基础设施收入效应的微分动力学模型，从理论上论证交通基础设施对农民收入效应门槛值的存在性，并结合 Matlab 仿真实验与西部 11 省（区、市）现实数据求解出能显著提高农民收入的路网密度临界值，模拟其动态变化过程，进而增强理论解的可信度，找到能切实增加西部地区农民收入、符合农村现实与发展的交通网络密度区域。

李静（2013）系统地分析了劳动力流动对农业和非农业两个部门要素配置与产出的影响，但忽略了技术进步对产出的影响。本章拟对李静的研究做两个方面的扩展：一是结合引入区位平衡的 Alonso 地租模型和以微观动态分析为基础的世代交叠模型将交通基础设施存量、劳动力通勤成本纳入模型中；二是考虑交通基础设施可以通过规模效应和网络效应间接影响产出量，将全要素生产率纳入科布-道格拉斯生产函数来表示两个部门的技术进步率。

4.1.2　基本假定

假设 1：总体经济中只包含 i（$i=1,2$）个部门，1 代表非农业，2 代表农业，在该经济系统中总劳动力为 $L=L_1+L_2$，且劳动力充分就业，则有

$$Y_1 = A_{01}\, \mathrm{e}^{\lambda_1 t} K_1^{\alpha} L_1^{1-\alpha} \tag{4.1}$$

$$Y_2 = A_{02}\, \mathrm{e}^{\lambda_2 t} K_2^{\varepsilon} L_2^{1-\varepsilon} \tag{4.2}$$

式（4.1）和式（4.2）中，t 代表时间；Y_i、A_{0i}、K_i、L_i、λ_i 分别为部门 i 的产出、初始生产效率、资本投入、劳动力投入、外生生产率变迁；α、ε 分别为部门 1 和部门 2 的资本产出弹性，且 $0<\alpha<1$ 和 $0<\varepsilon<1$。

由于资本和劳动力的可替代性，设 $y_i=Y_i/L_i$，$k_i=K_i/L_i$，根据式（4.1）和式（4.2）可得出部门劳均产出为

$$y_1 = A_{01}\, \mathrm{e}^{\lambda_1 t} k_1^{\alpha} \tag{4.3}$$

$$y_2 = A_{02}\, \mathrm{e}^{\lambda_2 t} k_2^{\varepsilon} \tag{4.4}$$

设非农就业比例 $\mu=L_1/L$，则在劳动力充分就业的情况下，资本分配方程为

$$k = \mu k_1 + (1-\mu) k_2 \tag{4.5}$$

假设 2：资本在两个部门中是完全竞争的，且资本的运输成本为零。为追求收益最大化，资本将由低收益产业向高收益产业转移。当两个部门的资本边际产出相等时，资本在两个部门的分配达到稳态，即

$$\alpha A_{01}\, \mathrm{e}^{\lambda_1 t} k_1^{\alpha-1} = \beta A_{02}\, \mathrm{e}^{\lambda_2 t} k_2^{\beta-1} \tag{4.6}$$

假设 3：由于农产品的不易保值性，假定农业只生产用于消费的产品，s 表示两个部门产出中用于资本投入的比例，n 表示两个部门产出中用于消费非农产品的比例，则有

$$Y_1 = (s+n)(Y_1 + Y_2) \tag{4.7}$$

假设 4：假定经济个体都是理性经济人，尽力将其效用最大化。采用寿命期为两期的世代交叠模型来比较分析两个部门劳动力的收入差距，当劳动力转移达到均衡时，两个部门个体的效用应该相等。由于劳动力转移需要支付一定的交通费用，因此非农就业个体的效用应当剔除农村劳动力转移多支付的交通成本，即有

$$
\begin{cases}
\ln C_{1,t} + \beta \ln C_{1,t+1} - D(l,\xi) = \ln C_{2,t} + \lambda \ln C_{2,t+1} \\
\\
C_{i,t} = \dfrac{w_i}{1+\beta} \\
\\
\text{s.t.} \quad C_{i,t} + \dfrac{C_{i,t}}{1+r_{t+1}} = w_i
\end{cases}
\tag{4.8}
$$

式(4.8)中，β 为贴现因子；w_i 为个体工资率（按其劳动投入的边际产出计）；$D(l,\xi)$ 为劳动力外出多支付的通勤成本；$C_{i,t}$ 和 $C_{i,t+1}$ 为个体 i 在青年和老年时期的消费；r_{t+1} 为老年时期的利率水平；l（$l>1$）为农村到城市的距离。

若劳动力进城务工的实际所得大于农村人均产出，则劳动力就发生转移。依据式(4.8)可得

$$
\frac{\dot{\mu}}{\mu} = b\left[\frac{w_1 - e^{\frac{D(l,\xi)}{1+\beta}} w_2}{w_2}\right]
\tag{4.9}
$$

4.1.3　交通基础设施收入效应的微分动力学模型

本章结合劳动力和资本两个要素流动的动态特性及上述假定构建微分动力学模型来表征交通基础设施农民收入效应的动态变化过程。

1. 劳动力转移对资本流动的影响

由式(4.1)至式(4.7)可推导出当资本流动达到均衡时，两个部门的资本分配量如下：

$$
\begin{cases}
k_1 = \dfrac{\theta k}{\mu} \\
\\
k_2 = \dfrac{(1-\theta)k}{1-\mu}
\end{cases}
\tag{4.10}
$$

式中，$\theta = \dfrac{(s+n)\alpha}{(s+n)\alpha + (1-s-n)\varepsilon}$。

根据假设 1，可知 $k = K/L$，由式(4.3)、式(4.7)和式(4.10)可得劳均资本变化率：

$$\frac{\dot{k}}{k} = A_{01}\, \mathrm{e}^{\lambda_1 t} \frac{s\theta^\alpha}{(s+n)}\left(\frac{k}{\mu}\right)^{\alpha-1} - \frac{\dot{L}}{L} \tag{4.11}$$

将式(4.11)对 μ 求导，可得出劳动力转移对资本流动的影响：

$$\frac{\mathrm{d}\left(\dfrac{\dot{k}}{k}\right)}{\mathrm{d}\mu} = A_{01}\, \mathrm{e}^{\lambda_1 t} \frac{s(\alpha-1)\theta^\alpha}{s+n}\left(\frac{k}{\mu}\right)^\alpha k^{-1}\left(\frac{\dfrac{\dot{k}}{k}}{\dfrac{\dot{\mu}}{\mu}}-1\right) \tag{4.12}$$

2. 交通基础设施对劳动力流动的影响

由式(4.1)、式(4.2)、式(4.9)和式(4.10)可推导出劳动力转移速率：

$$\frac{\dot{\mu}}{\mu} = b\left[\frac{\theta}{(1-\theta)}\frac{(1-\alpha)}{\alpha}\frac{\varepsilon}{(1-\varepsilon)}\frac{(1-\mu)}{\mu}-\mathrm{e}^{\frac{D(l,\xi)}{1+\beta}}\right] \tag{4.13}$$

将式(4.13)对 μ 求导，可得

$$\frac{\mathrm{d}\left(\dfrac{\dot{\mu}}{\mu}\right)}{\mathrm{d}\mu} = -b\frac{\theta}{(1-\theta)}\frac{(1-\alpha)}{\alpha}\frac{\varepsilon}{(1-\varepsilon)}\frac{1}{\mu^2} < 0 \tag{4.14}$$

根据 Alonso 地租模型，与城市中心的距离越远，地租成本越低，而通勤成本越高，反之则相反。同时，地租随 l 的变化率等于城市工人可支配收入随着 l 的变化率除以城市工人的住房支出份额。设 η 为城市工人的住房支出份额，ξ 为农村交通基础设施存量，则有

$$D(l,\xi) = w_1\left[1-\left(\frac{1}{l^\xi}\right)^\eta\right] \tag{4.15}$$

由式(4.13)和式(4.15)可得交通基础设施对劳动力转移速率的影响：

$$\frac{\mathrm{d}\left(\dfrac{\dot{\mu}}{\mu}\right)}{\mathrm{d}\xi} = -b\frac{A_{01}\,\mathrm{e}^{\lambda_1 t}(1-\alpha)k_1^\alpha \eta \ln l}{1+\beta}\left(\frac{1}{l^\xi}\right)^\eta \mathrm{e}^{\frac{A_{01}\mathrm{e}^{\lambda_1 t}(1-\alpha)k_1^\alpha(1-l^{-\xi*\eta})}{1+\beta}} \tag{4.16}$$

将式(4.16)除以式(4.14)可得交通基础设施对劳动力转移的影响：

$$\frac{\mathrm{d}\mu}{\mathrm{d}\xi} = \frac{(1-\theta)A_{01}\,\mathrm{e}^{\lambda_1 t}\alpha(1-\varepsilon)\mu^2 k_1^\alpha \eta \ln l}{\theta\varepsilon(1+\beta)}\left(\frac{1}{l^\xi}\right)^\eta \mathrm{e}^{\frac{A_{01}\mathrm{e}^{\lambda_1 t}(1-\alpha)k_1^\alpha(1-l^{-\xi*\eta})}{1+\beta}} \tag{4.17}$$

3. 交通基础设施对农业资本变化率的影响

将式(4.10)中的农业资本分配量两边先取对数再求导可得

$$\frac{\dot{k_2}}{k_2} = \frac{\dot{k}}{k} - \frac{\mu}{(1-\mu)}\frac{\dot{\mu}}{\mu} \tag{4.18}$$

将式(4.18)对 μ 求导，可得劳动力转移对农业劳均资本增长率的影响：

$$\frac{d\left(\dfrac{\dot{k_2}}{k_2}\right)}{d\mu} = \frac{d\left(\dfrac{\dot{k}}{k}\right)}{d\mu} - \frac{b}{(1-\mu)^2} \tag{4.19}$$

由式(4.12)和式(4.19)可推导出交通基础设施对农业劳均资本增长率的影响：

$$\begin{cases} \dfrac{d\left(\dfrac{\dot{k_2}}{k_2}\right)}{d\mu} = A_{01}\,\mathrm{e}^{\lambda_t t}\,\dfrac{s(\alpha-1)\theta^\alpha}{(s+n)}\left(\dfrac{k}{\mu}\right)^\alpha k^{-1}\left(\dfrac{\dfrac{\dot{k}}{k}}{\dfrac{\dot{\mu}}{\mu}}-1\right) - \dfrac{b}{(1-\mu)^2} \\[4mm] \dfrac{d\left(\dfrac{\dot{k_2}}{k_2}\right)}{d\xi} = \dfrac{d\left(\dfrac{\dot{k_2}}{k_2}\right)}{d\mu}\dfrac{d\mu}{d\xi} \end{cases} \tag{4.20}$$

在初期，部门间巨大的工资差会导致劳动力的大量转移，所以初期 $\dot{\mu}/\mu$ 远远大于 $\dot{k}/k$，式(4.12)的符号为正。结合式(4.14)，当 $\dot{\mu}/\mu$ 随着 μ 的增大逐步减小时，$\dot{k}/k$ 在增大，当 $\dot{\mu}/\mu$ 与 $\dot{k}/k$ 相交之后，式(4.12)的符号由正转为负，由此可推导出 $\mathrm{d}^2(\dot{k}/k)/\mathrm{d}\mu^2 < 0$，则 $\mathrm{d}^2(\dot{k_2}/k_2)/\mathrm{d}\mu^2 = \mathrm{d}^2(\dot{k}/k)/\mathrm{d}\mu^2 - 2b/(1-\mu)^3 < 0$。由式(4.17)可知 $\mathrm{d}\mu/\mathrm{d}\xi > 0$，结合式(4.20)，存在驻点 μ^* 满足条件 $\mu > \mu^*$ 时 $\mathrm{d}(\dot{k_2}/k_2)/\mathrm{d}\xi > 0$，$\mu < \mu^*$ 时 $\mathrm{d}(\dot{k_2}/k_2)/\mathrm{d}\xi < 0$。因此，在 μ 增大时，$\dot{k_2}/k_2$ 随 ξ 增大先增大后减小，即农业劳均资本增长率与交通基础设施呈现倒 U 形关系。

4. 交通基础设施对农民收入的影响

根据假设 1 和假设 2，劳均产出、经营纯收入与劳均资本同方向变化，则劳均产出增长率、经营纯收入增长率随交通基础设施存量的变化方向与劳均资本增长率的变化方向一致，即当 μ 增加时，农业劳均产出变化率、经营纯收入变化率与交通基础设施呈倒 U 形关系。

综上，交通基础设施的农民收入效应主要体现在：通过促进劳动力转移提高农民工资性收入；通过影响劳动力流动来间接改变农业资本、农业产出和农民经营纯收入。农业劳均产出变化率、经营纯收入变化率与交通基础设施呈倒 U 形关系的论证结果表明交通基础设施门槛值的存在性。

4.2　仿真实验与结果分析

为进一步检验上文所推导公式的正确性及适应性,下面结合仿真实验数据和西部 11 省(区、市)(除西藏外)的现实数据对式(4.17)、式(4.18)和式(4.20)进行模拟,探讨交通基础设施收入效应是如何随其水平的不同而发生变化的,并据此估计出能显著提高农民收入的路网密度临界值。依据上文的研究结论,交通基础设施的收入效应以其对劳动力和农业劳均资本增长率的影响来表示。

4.2.1　数据处理及参数估计

(1)数据来源及处理。根据经济增长内涵等需要,选择西部 11 省(区、市) 2006—2015 年第一产业(农业)、第二和第三产业(非农业)的生产总值、固定资产投资及劳动从业人数 6 个观测变量进行参数估计。考虑量纲的影响,生产总值和固定资产投资单位为亿元、劳动从业人数单位为万人。由于交通基础设施的产业特性决定其发挥作用具有一定的时滞性,加之西部地区农村存在大规模无人居住的荒地,因此,将乡镇道路长度除以乡镇有效使用土地面积来表征农村道路情况,数据来源于各地历年的统计年鉴、EPS 数据库和《城乡建设统计年鉴》等。

(2)参数估计。本章采用通用性较好的粒子群优化(PSO)算法来实现生产函数的参数估计。由于标准 PSO 算法容易陷入局部最优,借鉴吕一清等的方法,在标准 PSO 算法上设定随机加速权值随进化代数线性改变,使粒子在整个搜索空间移动,从而提高求解的精确度。对 11 省(区、市)两个部门生产函数参数估计的结果见表 4.1。

表 4.1　生产函数的参数估计

参数	内蒙古	贵州	云南	陕西	甘肃	青海	宁夏	新疆	广西	重庆	四川
A_{02}	1.500	0.500	0.541	1.154	0.500	0.565	0.631	1.413	1.357	0.688	1.208
λ_2	0.065	0.131	0.145	0.051	0.136	0.128	0.088	0.083	0.052	0.117	0.123
ε	0.130	0.224	−0.080	0.269	−0.085	0.044	0.001	0.015	0.204	0.065	−0.100
A_{01}	1.500	1.500	1.500	1.500	1.500	1.500	1.500	1.500	1.500	1.415	1.500
λ_1	0.010	−0.055	−0.043	−0.053	−0.067	−0.072	−0.062	−0.063	0.032	−0.022	−0.001
α	0.999	0.999	0.999	0.999	0.999	0.999	0.999	0.999	0.762	0.953	0.850

4.2.2 交通基础设施收入效应模拟

1. 农村交通基础设施对劳动力转移的影响

首先,通过对式(4.17)的模拟来分析改善不同地理位置农村交通基础设施状况对农民收入的影响。距离 l 取 3、5、10、20、30、40,其余参数依据表 4.1、现有研究成果及经验确定,即 $s=0.4$,$n=0.5$,$\eta=0.4$,$b=0.8$,$\beta=4.755\%$,$\varepsilon=0.15$,$\alpha=0.85$,$A_{01}=1.5$,$\lambda_1=-0.05$,$k_1=8000$,$\mu=0.5$,结果如图 4.1 所示。结果表明,农村交通基础设施对劳动力转移的影响具有显著的门槛效应,劳动力转移与农村路网密度之间呈倒 U 形关系。具体可分为两种情况:一是,l 取 20、30、40 时,门槛值区间、路网对劳动力转移的作用均随着 l 的增大而逐渐变小,表明对较为偏远的农村地区而言,改善距市中心相对较近地方的交通基础设施水平,其收入效应较明显,否则相反,如图 4.1(a)所示;二是,当 l 取 3、5、10 时,门槛值区间、路网对劳动力转移的作用均随着 l 的增大而增大,表明对较为邻近市中心的农村地区(如郊区)而言,改善其中相对偏远区域的交通基础设施水平,其收入效应较明显,否则相反,而交通基础设施对劳动力转移的影响强度则随着 l 的增大逐渐变大,如图 4.1(b)所示。

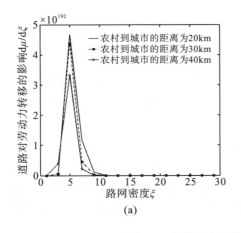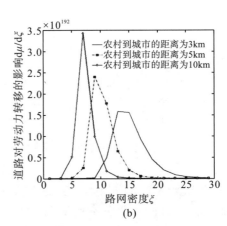

图 4.1 交通基础设施对劳动力转移的影响

这是由于当 l 趋近于 0 或 l 过大时,交通基础设施改善所降低的通勤成本均不足以弥补其对应的高昂地租或转移成本,从而降低了交通基础设施收入效应。

2. 交通基础设施对农村劳均资本增长率的影响

根据理论推导结论,农业劳均资本增长率受非农就业比例、交通基础设施存量等因素的影响，而交通基础设施存量的改变又会对劳动力的流动产生影响。因此通过对式(4.18)的模拟，以不同农村交通基础设施水平和非农就业比例下农村劳均资本增长率的变化过程来分析交通基础设施对农民经营纯收入的影响。μ 在 [0, 1]内取值，ξ 在[0, 30]内取值，依据现有研究成果及经验取 $\overset{\cdot}{L}/L=0.005$、$l=10$，其余参数保持不变，结果如图 4.2 所示。结果表明，当 μ 保持不变时，农村劳均资本增长率随路网密度的增大先增大后减小。

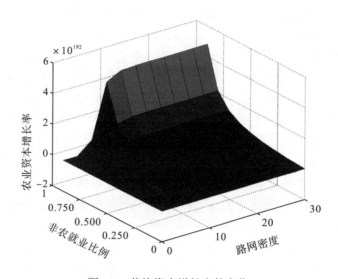

图 4.2　劳均资本增长率的变化

通过对式(4.20)的模拟，以不同农村交通基础设施水平对农村劳均资本增长率影响强度的变化来分析交通基础设施对农民经营纯收入作用强度的变化，μ 在[0，0.04]内取值，其余参数保持不变，结果如图 4.3 所示。结果表明，随着 μ 的增大，道路对农业资本增长率的作用随路网密度的增大由正转负，其作用强度先增大后减小。换言之，当农村就业人口适度减少时，改善农村交通基础设施能增大农业资本增长率，但当农村人口降低到某个量时，改善农村交通基础设施反而会降低农业资本增长率。综合图 4.2 和图 4.3，农村劳均资本增长率与路网密度呈倒 U 形关系，交通基础设施对农村劳均资本增长率的作用随着路网密度的增大先增大后减小。

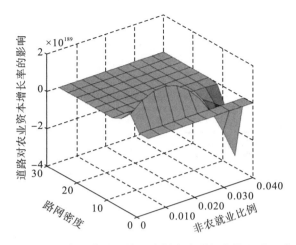

图 4.3　交通基础设施对农村资本增长率的影响强度

4.3　门槛值估计

由于农村交通基础设施对农民收入的影响均是通过劳动力转移来传导的,因此本章以交通基础设施对劳动力转移的作用来估计西部地区农村道路是否达到门槛值。结合表 4.1 估计的参数和西部 11 省(区、市)2006—2015 年农村数据(乡镇级路网密度、农村到城市的距离、非农资本投入、非农就业人数及就业总人数)对式(4.17)进行仿真,其余参数值参照仿真部分,结果如图 4.4 和图 4.5 所示。

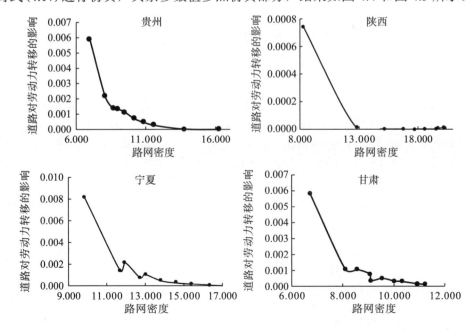

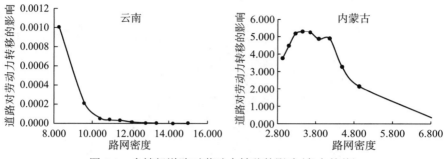

图 4.4　乡镇级道路对劳动力转移的影响（负向趋势）

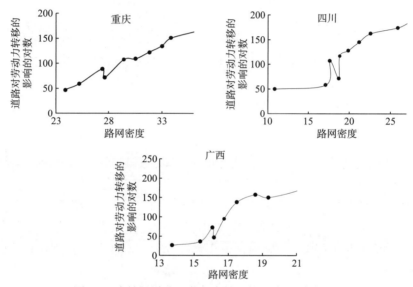

图 4.5　乡镇级道路对劳动力转移的影响（正向趋势）

注：省略了新疆和青海的图。

　　结果显示，贵州、陕西、宁夏、甘肃、云南等地区农村道路收入效应在近 10 年呈下降趋势，而内蒙古农村路网密度比其他地区小，在近 10 年对劳动力转移的作用先增大后减小，这与 Matlab 仿真结果相一致。考虑图中量纲的影响，若以 $\mathrm{d}\mu/\mathrm{d}\xi$ 值在 1×10^{-4} 以下视为农村道路对劳动力转移的作用不显著，则贵州、陕西、宁夏、甘肃、云南地区农村路网密度下限临界值大约分别为 12、13、16、11、12；内蒙古农村道路接近但尚未达到下限门槛值，新疆和青海在近 10 年的 $\mathrm{d}\mu/\mathrm{d}\xi$ 值均小于 1×10^{-4}，表明这两个地区乡镇级道路的农民收入效应也甚为有限。

　　重庆、四川、广西在近 10 年农村道路对劳动力转移的作用呈递增趋势（为便于观察，将 $\mathrm{d}\mu/\mathrm{d}\xi$ 值取对数以后的结果如图 4.5 所示，其影响程度明显高于其余地区）。虽然这三个地区农村路网密度基本高于其他地区（除青海外），但农村道路对劳动力转移的作用并未达到增长的上限门槛值。

4.4　本　章　小　结

本章通过构建农村交通基础设施收入效应的微分动力学模型，并结合西部 11 省(区、市)农村现实数据的仿真实验，得出以下结论与启示：①农村交通基础设施存量与农业资本增长率和农业劳均产出增长率之间呈倒 U 形关系；②农村道路对农民收入的作用存在显著的门槛效应，其作用强度受地理位置的影响，对于临近城市中距离相对较远的地区或偏远地区中距离城市相对较近的地区更为显著；③农村交通基础设施的收入效应及其门槛值均与非农资本产出弹性相关；④达到一定的路网密度和保持适度的农村就业人口是改善农村交通基础设施在多大程度上或能否增大农业资本增长率的重要影响因素；⑤当前西部地区除重庆、四川和广西外，其余省(区、市)(不含西藏)的农村交通基础设施已经达到收入效应不再显著的区间。

农村道路建设作为影响农村经济的重要因素之一，应充分发挥道路对经济增长的促进作用，目前应加大重庆、四川、广西地区的农村道路建设，采用推进劳动力要素价格均等化进程和公共服务均等化等措施保持适度的农业从业人口，以提高农村交通基础设施的收入效应；对交通基础设施收入效应不佳的特别偏远地区，需借助转移支付、整体搬迁等措施来提高其农民收入效应，进而减少农民贫困和缓解农村空巢化问题。

第5章 交通基础设施收入效应的
门槛值测度

　　基于中国西部除西藏以外的 11 省(区、市)2006—2015 年汇总的乡镇层面面板数据,探析了农村交通基础设施对农民人均纯收入的非线性影响及其作用机制。研究发现,农村交通基础设施对农民人均纯收入具有显著的三重门槛效应,以有效路网密度衡量的门槛值分别为 7.099、20.247 和 30.569。在各门槛区间内,有效路网密度对农民人均纯收入及其两大主要构成——农民人均工资性收入和人均家庭经营纯收入的弹性符号为正,并依序呈现 U 形、非线性减少和非线性增加的趋势,表明提升农村交通基础设施存量对农民人均纯收入及其两大主要构成均具有非线性正向促进作用,相较而言,更有利于农民家庭经营纯收入的增长,有助于缓解农民贫困和农村空巢化问题(任晓红等,2018a)。

5.1 文 献 回 顾

　　基础设施的贡献主要取决于其存量,当低于门槛值时几乎不产生影响,但当达到某一临界值时,其影响则可能非常巨大(Baldwin et al.,2003)。新中国成立以来,中国城乡之间交通等基础设施的非均衡发展与城乡非平衡增长同步推进,在广大农村地区,交通等基础设施的落后成为农民福利提升和农业发展的"瓶颈"。城乡差距的持续扩大伴随着农村劳动力的大量流出,农民贫困与农业空心化(农村空巢化)问题日益严峻,粮食总量供给的脆弱性不断加大。

　　基础设施能够影响宏观的经济增长和微观的个人收入(刘生龙和周绍杰,2011),其影响包括直接运输投入效应和含乘数效应在内的间接效应,现有文献大多未做严格区分。中国农村交通基础设施投资具有显著的增收效应(骆永民和樊丽明,2012),可以通过降低生产和交易成本(罗能生和彭郁,2016),改善非农就业机会(邓蒙芝等,2011;刘晓光等,2015)等直接提高贫困地区的收入,通过改善贫困地区的教育和健康状况来增加就业机会、提高收入前景和要素生产效率等间接提高农民的农业收入,降低陷入贫困的可能性(Leipziger et al.,2003;Fan et al.,2002)。

　　然而，交通基础设施发展对经济增长的作用呈现显著的非线性动态变化趋势（黄寿峰和王艺明，2012），交通基础设施的农民收入效应受到农村人力资本（骆永民和樊丽明，2012），农村劳动力占比（任晓红和张宗益，2013），以及要素流动性等因素的影响，某个区域要素流动性的缺乏会阻碍收益的地方化和要素的集中（Banerjee et al.，2012），交通路网的通达作用可能会因基础设施投入的数量差异和经济水平不同导致极化效应，从而加剧收入不平等（Calderón and Chong，2004）。因此，扩大交通基础设施投资对经济增长的促进作用并非永无止境。经验研究已发现交通基础设施影响增长界值点的存在性（任晓红和张宗益，2013；Démurger，2001），当一个地区或部门的交通基础设施存量达到某一极值后，继续投资会显著降低交通基础设施对经济的拉动作用（刘明等，2013）。农村交通基础设施对农民收入的影响在区域间已表现出一定的差异性（毛圆圆和李白，2010），在中国大部分省份，公路基础设施的经济增长效应已超过其饱和点，继续扩大公路网的有效性已经不太明显（Deng et al.，2014），在东部地区农村，过量的交通基础设施投资可能会挤占农村教育、医疗卫生等投资，在一定程度上制约人力资本水平的提高和收入的增长，而在西部地区农村，却因交通通信基础设施落后导致农村基础设施投资对农民收入的促进作用极其有限，甚至表现出一定的抑制性（周海波等，2017）。总体而言，交通基础设施投资能否改善农民的收入水平与其存量相关，切实评判交通基础设施投资（流量）的合理性和规模（存量）的适宜性，了解农村交通基础设施产生显著作用的门槛值区间是有效发挥其收入效应的必要前提。因此，在不知道交通基础设施投资回报率的情况下，不能轻易决断是否应该对交通基础设施进行投资。现有文献对交通基础设施收入效应的研究涉及交通网络、就业、生产率增长与环境影响等诸多因素，部分文献对其门槛效应或最优投资规模做了一定探讨，但相对疏于动态效应的测度，鲜有文献涉及农村交通基础设施影响农民收入的门槛特征，且交通基础设施对收入的影响机理大多运用隐含正向影响假设的线性"黑箱"模型，使其在解释争议性结果时陷入困境。鉴于中国农村交通基础设施和经济发展水平的地域性差异甚大，而且中国最为贫穷的农村大多位于西部地区，因此，本书以中国西部除西藏外的 11 省（区、市）2006—2015 年乡镇级面板数据为例，构建门槛面板模型检验农村交通基础设施对农民人均纯收入及其两大主要构成的非线性影响，测度其对收入产生显著影响的门槛值（前提条件），并以此探讨交通基础设施影响农民收入的动态变化趋势与作用机制，以期中国西部地区能吸引适度的高素质劳动力与资金逆流农村（合理性）、减少交通投资盲目性和避免规划不到位而产生的浪费问题（适宜性），从交通改良视角探析"谁来种地"等问题。

5.2　模型构建及变量选取

5.2.1　农村交通基础设施对农民收入影响的非线性关系检验

农村交通基础设施和农民收入分别采用有效路网密度($road$)和农民人均纯收入(Y)的对数 $\ln road$ 和 $\ln Y$ 来衡量。

首先,从 $\ln road$ 与 $\ln Y$ 的趋势图可看出,西部 11 省(区、市)农村的有效路网密度对数与农民人均纯收入对数均呈现非线性正相关关系,具体如图 5.1 所示。

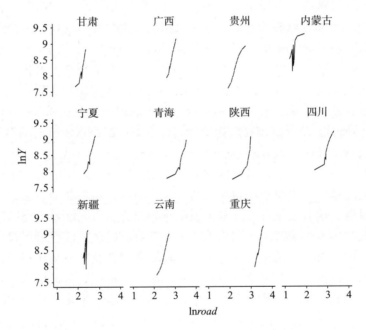

图 5.1　西部 11 省(区、市)$\ln road$ 与 $\ln Y$ 的趋势图

其次,采用统计学方法对西部地区农村交通基础设施影响农民人均纯收入的非线性特征进行再检验。借鉴黄寿峰和王艺明(2012)的做法,在数据平稳的前提下,利用 VAR 模型对农村交通基础设施和农民人均纯收入进行估计,再采用 BDS 检验[①]的方法对经 VAR 模型线性过滤的残差序列进行非线性变化趋势检验,检验结果包含西部 11 省(区、市)作为一个整体和各省(区、市)两种情形,见表 5.1。在 5%的显著性水平下,西部 11 省(区、市)整体及除去重庆、四川、广西和宁夏

---

① BDS 的检验原理可参考 Brock 等 1996 年发表的论文 *A Test for Independence Based on the Correlation Dimension*,鉴于篇幅限制,文中略去详细介绍。

的其余省(区、市)均拒绝农村交通基础设施与农民人均纯收入之间存在线性关系的原假设,因此,接受二者之间存在非线性关系的备择假设。

表 5.1 农村交通基础设施与农民人均纯收入之间的线性关系检验

省份	BDS 检验	省份	BDS 检验	省份	BDS 检验
西部 11 省(区、市)	4.270*** (0.000)	四川	−0.538 (0.591)	甘肃	2.500** (0.012)
内蒙古	5.549*** (0.000)	贵州	−2.774*** (0.006)	青海	−4.096*** (0.000)
广西	−0.731 (0.465)	云南	−2.205** (0.027)	宁夏	−0.073 (0.465)
重庆	−1.145 (0.252)	陕西	−6.654*** (0.000)	新疆	3.071*** (0.002)

注: 括号内为对应的 P 值;***、**、*表示在 1%、5%、10%显著性水平下显著;BDS 检验中,VAR 模型中的残差序列是指以 $\ln Y$ 为被解释变量回归所得的残差。

5.2.2 基准模型

理论上农村交通基础设施可以同时影响农民的农业收入和非农业收入。一方面,农村交通基础设施能促进生产要素流动和降低交易成本,进而提高农业生产效率;另一方面,农村交通基础设施能促进劳动力转移,增加其非农业就业机会,进而获得工资性收入。

Aschauer(1989)将基础设施从公共资本中独立出来分析其经济增长效应,之后,作为基础设施重要构成的交通基础设施常被视为一种重要的生产要素,本章以此为基础构建计量模型。为减少可能存在的异方差所带来的估计偏误,选用双对数模型,基准模型如下:

$$\ln Y_{it} = \beta \ln road_{it} + \boldsymbol{\theta} \ln \boldsymbol{X}_{it} + \alpha_i + \varepsilon_{it} \tag{5.1}$$

式中,i 和 t 分别表示省份和时间;Y 表示农民人均纯收入;$road$ 为衡量交通基础设施水平的有效路网密度;$\boldsymbol{X}$ 为其他影响农民人均纯收入的控制变量向量组;$\boldsymbol{\theta}$ 为一组控制变量的待估参数向量;α_i 为省份个体效应;β 是待估参数;ε_{it} 是残差。

假设 1:农村交通基础设施对农民人均纯收入的弹性 β 具有非线性,会随着农村交通基础设施水平的不同而产生相应的变化,但其增收效应并非永无止境,当交通基础设施存量达到某一水平时,其收入效应不再显著。

假设 2:在西部地区,β 为一正值,即西部地区的有效路网密度对农民收入具有正向促进作用。

鉴于门槛模型相较于线性模型来说能更精确地探究变量之间的非线性关系,因此,本章将通过构建门槛模型来分析农村交通基础设施对农民收入的非线性影响。

5.2.3　门槛面板模型

借鉴 Hansen 关于构建门槛模型的思路与方法(Hansen,2010),即在模型中用不同的体制来表示变量间的非线性关系,门槛变量大于或小于某一门槛值,对应着模型中不同的体制,换言之,门槛变量是体制发生改变的转折点。在式(5.1)的基础上,构建单门槛面板模型:

$$\ln Y_{it} = \beta_1 \ln road_{it} I(\ln road_{it} \leqslant \gamma) + \beta_2 \ln road_{it} I(\ln road_{it} > \gamma) + e \ln X_{it} + \alpha_i + \varepsilon_{it} \quad (5.2)$$

如果存在多门槛值,则式(5.2)亦可以转换为多门槛面板模型:

$$\begin{aligned} \ln Y_{it} = &\beta_1 \ln road_{it} I(\ln road_{it} \leqslant \gamma_1) + \beta_2 \ln road_{it} I(\gamma_1 < \ln road_{it} \leqslant \gamma_2) \\ &+ \cdots + \beta_{n+1} \ln road_{it} I(\ln road > \gamma_n) + \theta \ln X_{it} + \alpha_i + \varepsilon_{it} \end{aligned} \quad (5.3)$$

式(5.3)中,有效路网密度对数(lnroad)为门槛变量;$I(\cdot)$为指数函数,当函数 I 括号里的条件得到满足时,$I=1$,否则 $I=0$;γ_1,γ_2,$\cdots$,γ_n 为 n 个门槛值;其他变量、参数含义同式(5.1)。同理,门槛模型中所有变量也均取对数。

5.2.4　变量说明与数据来源

1. 变量说明

被解释变量:农民人均纯收入(Y),以此来反映农民家庭收入总体状况;同时,为分析交通基础设施对农民人均纯收入的影响机制,分别以其两大主要构成——工资性收入(Y_1)和家庭经营纯收入(Y_2)来近似表征农民的非农业收入和农业收入。

核心解释变量:农村交通基础设施,由于农村地区交通基础设施的主体是农村公路,因此采用乡镇层面的有效路网密度($road$),即乡镇级道路长度与有效面积的比值来衡量。值得一提的是,现有文献主要采用区域内的行政面积来表征有效面积,但行政区内未利用地[①]也包含在其中,这无疑会降低交通基础设施水平测度的精度。由于中国西部的大部分地区具有地广人稀的特征,且部分省(自治区)有沙漠和戈壁等无人区,因此在计算有效面积时,本书剔除了这些无人区的面积。鉴于现有统计指标未列出各省(区、市)历年的乡镇级农用地和建设用地数据,为保持数据间的一致性,采取耕地面积与建成区面积之和作为有效面积的度量。尽管该方法仍有少量偏差,但相比没有剔除未利用地计算的有效面积而言,其精确度得到显著提高。

控制变量:农业技术进步($tech$),用农业机械总动力表示;土地要素(gro),用农作物播种面积衡量;农村人力资本水平(hum),用农村家庭劳动力平均受教育年限表示;财政支农(gov),鉴于 2007 年财政支出的统计口径发生变化,因此,

---

① 国土资源部(现自然资源部)将土地分为农用地、建设用地和未利用地。(摘自《中国统计年鉴》)

统一采用"农林水事业"的财政支出来表征。

2. 数据来源

考虑到门槛模型要求平衡数据，而西藏农村数据大量缺失，加之《中国城乡建设统计年鉴》从 2006 年才开始统计村庄层面的道路相关数据，因此，选取中国西部除西藏外的 11 省(区、市)2006—2015 年农村乡镇层面汇总的面板数据[1]［汇总之前各省(区、市)每一年的乡镇个数均值为 1146，最大值为 4071，最小值为 165]，并运用 Stata12.0 进行门槛回归。数据来自历年的《中国统计年鉴》《中国城乡建设统计年鉴》《中国农村统计年鉴》和 EPS 数据库。变量的描述性统计见表 5.2。

表 5.2　变量的描述性统计

变量	样本量	单位	均值	标准差	最小值	最大值
Y	110	元/人	5265.190	2262.746	1984.620	10775.900
Y_1	110	元/人	1727.995	898.257	254.070	4089.150
Y_2	110	元/人	2695.970	1079.491	1112.810	6185.400
$tech$	110	10^4kW	1978.182	1009.781	335.100	4404.500
gro	110	10^3hm^2	4749.551	2475.485	489.800	9689.900
hum	110	年	7.714	0.685	6.130	8.910
gov	110	亿元	266.828	192.268	16.910	926.650
$road$	110	km/10^3hm^2	15.603	8.013	3.451	36.629

5.3　实证结果与分析

5.3.1　变量的平稳性检验

门槛模型一般要求各变量尤其是门槛变量为平稳性变量。鉴于 IPS 法在检验势和检验水平上都优于 LLC 法，而 LLC 法检验则更加适用于中等水平的样本容量和相互独立的个体之间(经常出现在宏观经济变量中)，本章使用的数据基本满足此条件，因此，对门槛变量 ln$road$ 采用同根的 LLC 法和不同根的 IPS 法检验其平稳性以保证一定的稳健性，对其余变量的平稳性采用 LLC 法进行检验。在 LLC 法和 IPS 法检验中，门槛变量 ln$road$ 在 1%显著性水平下通过了平稳性检验，即 ln$road$ 是平稳的，其余变量在 10%和 1%显著性水平下也表现出平稳性，具体见表 5.3。

---

[1] EPS 等数据库仅提供农村乡镇层面汇总数据。

表 5.3　变量平稳性检验

检验方法	ln$road$	ln$Y$	lnY_1	lnY_2	ln$tech$	lngro	lnhum	lngov
IPS 法	-3.815***	—	—	—	—	—	—	—
LLC 法	-10.940***	-4.923***	-5.0845***	-7.396***	-5.724***	-4.749***	-1.543*	-11.883***

注：***、**、*表示在 1%、5%、10%显著性水平下拒绝存在单位根的原假设。

5.3.2　门槛效应检验

1. 门槛值搜寻

以单门槛模型为例，估计方法大致如下：首先对组内进行去均值变化以消除个体效应的影响，然后给定任意一个门槛值，最后用 OLS 对式(5.2)进行参数估计，相应地得到残差项平方和 $S_1(\gamma_1)$。类似地，通过多次给定门槛值进行 OLS 估计可以得到 $S_1(\gamma_2)$，…，$S_1(\gamma_k)$。根据残差项平方和最小化原则，最优门槛值 $\widetilde{\gamma}$ 需要满足条件：使 $S_1(\widetilde{\gamma})$ 为所有残差平方和中的最小值，即求得门槛估计值为

$$\widetilde{\gamma} = \mathrm{argmin}S_1(\gamma) \qquad (5.4)$$

最终可根据门槛估计值确定门槛模型中的待估参数。

2. 门槛效应检验

求得门槛值后，需要检验门槛估计值的显著性及其与门槛真实值的一致性。首先，通过 LM 检验并构造 F 统计量来检验门槛效应的显著性。采用 Hansen 提出的自抽样法(boot strap)来计算得到渐进 P 值，并在相应的显著性水平下判断门槛效应是否显著。其次，如果门槛值显著，采用似然比检验(构建 LR 统计量)来检验门槛估计值与真实值的一致性，并计算门槛值的置信区间。在具体检验时可借助 LR 函数图及显著性水平进行一致性的判断。在求得第一个门槛值后，可采用同样的方法进行第二、第三个门槛值的搜寻及检验。以此类推，直到门槛效应检验不显著。根据上述原理和步骤，对式(5.3)进行门槛效应检验及门槛值估计，结果见表 5.4。

表 5.4　门槛效应检验及门槛值估计

项目	门槛效应检验					门槛值估计			
	F 统计量	F 统计量的临界值			P 值	参数	门槛值	95%置信区间	实际值
显著性水平	—	1%	5%	10%	—	—	ln$road$	ln$road$	$road$
单门槛	30.169***	6.783	3.951	2.725	0.000	门槛值 1	1.960	[1.960, 2.228]	7.099
双门槛	21.141***	6.719	4.409	3.050	0.000	门槛值 2	3.008	[2.947, 3.008]	20.247
三门槛	12.081***	7.193	3.957	2.813	0.002	门槛值 3	3.420	[3.399, 3.461]	30.569

注：***、**、*表示 F 值在 1%、5%、10%显著性水平下显著；门槛值估计 boot strap 的自举次数为 1000 次。

　　对比表 5.4 中多重门槛效应检验的 F 统计量、在不同显著性水平下 F 统计量的临界值和对应的 P 值可发现，门槛变量均通过了 1%显著性水平下的三重门槛检验，表明 3 个门槛估计值在 1%显著性水平下均显著；为观察方便，将 3 个门槛值（对数）换算为有效路网密度，其对应的实际值（真数）分别为 7.099、20.247 和 30.569，3 个值之间差异明显。

　　为检验门槛估计值与真实值的一致性，图 5.2 给出了搜索出的第一个门槛值[①]（$\tilde{\gamma} = 3.008$）的 LR 函数图。

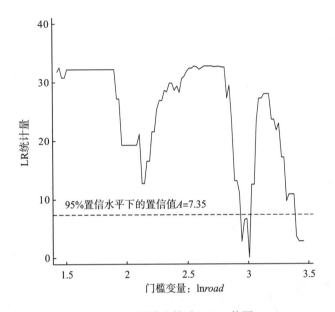

图 5.2　门槛效应检验 LR 函数图

　　图 5.2 中虚线表示 95%置信水平下的置信值 A 为 7.35（临界值），实线为门槛变量的 LR 统计量。根据门槛估计原理，表 5.4 中得到的门槛估计值能够确保 LR 函数值最小（等于零），其中一个门槛估计值 3.008 刚好与图 5.2 中 LR 曲线最低点对应的值吻合；同时，在图 5.2 可以观察到，虚线以下形成的闭合区域对应在 X 轴上的点都落在了表 5.4 门槛值估计的 95%置信区间范围内，这两点表明门槛估计值与真实值是一致的。其余两个门槛值的检验同理。

5.3.3　模型回归结果与分析

　　为了对比分析门槛模型体现的非线性影响，对基准模型作线性固定效应（FE）

_____

① Stata12.0 中门槛值搜寻的顺序不一定按门槛值大小进行，换言之，第一个门槛值未必是最小的那个值。

回归，结果如表 5.5 的模型(1)所示。

首先，以 $\ln Y$ 为被解释变量，选择 $\ln road$ 作为门槛变量和核心解释变量来分析农村交通基础设施对农民人均纯收入的影响。样本区内有效路网密度被三重门槛划分为 4 个区间，回归结果如表 5.5 中的模型(2)所示。

表 5.5　基准模型及门槛模型回归结果对比

解释变量	被解释变量：$\ln Y$	
	模型(1) FE 回归	模型(2) 门槛回归
$\ln tech$	1.159***	1.338***
	(8.839)	(9.323)
$\ln gro$	-0.478*	-0.428*
	(-1.782)	(-1.791)
$\ln hum$	2.456***	3.032***
	(4.477)	(5.909)
$\ln gov$	0.125***	0.047
	(3.086)	(1.534)
$\ln road$	0.322***	
	(4.229)	
$\ln road$ ($road \leqslant 7.099$)		0.301***
		(4.661)
$\ln road$ ($7.099 < road \leqslant 20.247$)		0.219***
		(3.468)
$\ln road$ ($20.247 < road \leqslant 30.569$)		0.264***
		(3.919)
$\ln road$ ($road > 30.569$)		0.318***
		(4.861)

注：括号内为 t 值，***、**、*表示在 1%、5%、10%显著性水平下显著；模型估计中所有结果均采用稳健标准差(Robust Std. Error)回归结果。

对比分析表 5.5 中模型(1)、(2)的回归结果发现，两个模型中参数估计量的大小和方向均具有稳健性，但具体值及其显著性均有一定改变：农业机械总动力($\ln tech$)、平均受教育年限($\ln hum$)、有效路网密度($\ln road$)在两个模型中对农民人均纯收入均具有显著的正向促进作用；农作物播种面积在两个模型中均表现出抑制性；财政支农($\ln gov$)在线性模型中具有显著的正效应，而在门槛模型回归中其作用不再显著。一个可能的解释是农业技术进步和农民中劳动力受教育程度的提高带来了农业生产效率的提高，乡镇层面交通路网密度的提高能改善农民的出行和物资运输；而农作物播种面积对农民增收表现出的抑制性则可能是耕地利用结构问题等所导致的(如种粮食较种经济作物单位面积收入低)；而财政支农对农民增收的作用在线性模型中可能被放大。

在门槛模型中，当 road 小于等于 7.099 时，有效路网密度每提高 1%，农民人均纯收入增加约 0.3%，略低于线性的 FE 回归结果；当 road 在区间(7.099，20.247]内时，有效路网密度对农民人均纯收入的影响系数突降至 0.219；当 road 增大至区间(20.247，30.569]时，回归系数回升到 0.264；当 road 跨越第三重门槛后，即大于 30.569 时，有效路网密度对农民人均纯收入的弹性值恢复到 0.318，很接近线性 FE 估计的弹性值，同时，在各区间内有效路网密度的估计系数均通过了 1%显著性水平检验。农村交通基础设施对农民人均纯收入的弹性值表现为先下降再逐步回升的 U 形变动趋势，进一步验证了农村交通基础设施门槛的存在性，如图 5.3 所示。

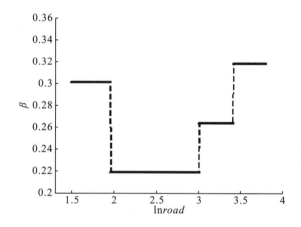

图 5.3　农村交通基础设施的收入弹性

可见，假设 1 和假设 2 在较大程度上得到验证，当交通基础设施存量(有效路网密度)在某个特定区域时，通过改善交通基础设施水平来促进农民增收的效果可能会暂时变小，但当交通基础设施增加到某一临界值时，其增收作用最终将变大；从总体上看，西部农村交通基础设施增收效应极为明显，尚未达到收入效应不再显著的阶段。

采用门槛模型进一步探讨农村交通基础设施对农民人均纯收入的作用机制。在样本区间内，农民人均工资性收入和家庭经营纯收入之和在农民人均纯收入中的占比在最低年份也达到了 67%。因此，分析农村交通基础设施对农民人均纯收入最重要的两大来源所产生的非线性影响[①]无疑有助于把握农村交通基础设施影响农民收入的机制。分别以 $\ln Y_1$ 和 $\ln Y_2$ 作为被解释变量，lnroad 作为门槛变量，先进行门槛值估计，结果见表 5.6。

---

① 检验步骤参见前文，由于篇幅限制略去检验过程。

表 5.6　门槛值估计（作用机制检验）

参数	被解释变量：$\ln Y_1$			参数	被解释变量：$\ln Y_2$		
	门槛值	95%置信区间	实际值		门槛值	95%置信区间	实际值
	ln$road$	ln$road$	$road$		ln$road$	ln$road$	$road$
门槛值 1	2.104	[1.919, 2.228]	8.199	门槛值 1	1.467	[1.426, 3.296]	4.336
门槛值 2	2.885	[2.824, 2.967]	17.904	门槛值 2	2.125	[1.919, 2.269]	8.373
门槛值 3	3.235	[1.426, 3.461]	25.406	门槛值 3	3.399	[3.399, 3.461]	29.934

　　无论被解释变量为 $\ln Y_1$，还是为 $\ln Y_2$，农村交通基础设施均存在三重门槛值：当被解释变量为 $\ln Y_1$ 时，门槛值对应的有效路网密度实际值分别为 8.199、17.904、25.406；当被解释变量为 $\ln Y_2$ 时，门槛值对应的有效路网密度实际值分别为 4.336、8.373、29.934。

　　分别以 $\ln Y_1$ 和 $\ln Y_2$ 为被解释变量进行回归。为检验结果的稳健性和对比门槛回归的效果，表 5.7 同时列出了线性 FE 回归和门槛回归的结果。

表 5.7　FE 回归和门槛回归结果对比（作用机制检验）

解释变量	被解释变量：$\ln Y_1$		解释变量	被解释变量：$\ln Y_2$	
	模型(1)	模型(2)		模型(3)	模型(4)
	FE 回归	门槛回归		FE 回归	门槛回归
ln$tech$	1.031***	0.905***	ln$tech$	0.835***	1.021***
	(5.666)	(4.765)		(7.092)	(10.174)
lngro	1.219***	1.436***	lngro	-0.297	-0.368*
	(3.853)	(4.745)		(-1.383)	(-1.964)
lnhum	2.860***	3.849***	lnhum	1.062**	1.081**
	(3.511)	(5.043)		(2.380)	(2.609)
lngov	0.148***	0.145***	lngov	0.120***	0.068**
	(2.704)	(2.725)		(3.552)	(2.467)
ln$road$	0.179**		ln$road$	0.211***	
	(2.183)			(3.058)	
ln$road$ ($road \leqslant 8.199$)		0.201**	ln$road$ ($road \leqslant 4.336$)		0.191**
		(2.391)			(2.607)
ln$road$ ($8.199 < road \leqslant 17.904$)		0.116	ln$road$ ($4.336 < road \leqslant 8.373$)		0.258***
		(1.433)			(4.048)
ln$road$ ($17.904 < road \leqslant 25.406$)		0.163**	ln$road$ ($8.373 < road \leqslant 29.934$)		0.213***
		(2.044)			(3.618)
ln$road$ ($road > 25.406$)		0.137*	ln$road$ ($road > 29.934$)		0.253***
		(1.726)			(4.427)

依据表 5.7，$\ln Y_1$ 作为被解释变量：当 road 小于等于 8.199 时，有效路网密度对工资性收入的弹性为 0.201；当 road 在区间 (8.199，17.904] 内时，弹性值下降为 0.116；当 road 在区间 (17.904，25.406] 内时，弹性系数上升到 0.163；当 road 大于 25.406 时，弹性值下降到 0.137，低于 FE 估计系数；二者之间的弹性系数呈现先下降后上升再下降的波动趋势，而 FE 估计却忽略了这一变化过程。一个可能的解释是，交通条件的改善可能扩大农业专业化水平并引发劳动力需求，进而使工资性收入有所增加，但从长期来看，随着路网密度逐渐增大并达到一定程度后，农村剩余劳动力极为有限，路网密度对工资性收入的正向效应在总体上会有所减弱。对控制变量而言，线性 FE 回归和门槛回归结果中农业机械总动力、农作物播种面积、劳动力平均受教育年限和财政支农对工资性收入均具有显著的促进作用。

当被解释变量为 $\ln Y_2$ 时，在线性 FE 回归结果中，有效路网密度对家庭经营纯收入的弹性值均显著为正；在门槛模型中，按大小排列的 4 个门槛区间所对应的弹性值分别为 0.191、0.258、0.213、0.253，与之相对应，当 road 小于等于低门槛 4.336 时，有效路网密度对家庭经营纯收入的弹性为 0.191，随着有效路网密度持续增大，跨过最高门槛 29.934 后，弹性将达到 0.253，表明有效路网密度的增大能促进交通基础设施对农业收入弹性的增长。因此，从长期来看，扩大农村交通基础设施投资，使农村路网密度达到较高水平有利于农民人均家庭经营纯收入的增加。在线性 FE 回归和门槛回归中，农业机械总动力、平均受教育年限和财政支农均对家庭经营纯收入有显著的促进作用，加强对这 3 个方面的投入，均是提高农民家庭经营纯收入的有效保障。

对比表 5.7 中的模型 (2) 和 (4)，并结合表 5.5 的结果可以发现，有效路网密度的增大更有利于农民家庭经营纯收入的增加，当有效路网密度 road>4.336 时，改善农村交通基础设施水平对农民家庭经营纯收入的增加具有更大的促进作用，这无疑有助于在一定程度上提高农村和农业的吸引力。此外，农作物播种面积的扩大能促进农民工资性收入的增长，但对家庭经营纯收入却具有抑制性，在总体上不利于农民收入的增长。

5.4　结论及启示

本书基于中国西部 11 省 (区、市) 2006—2015 年农村乡镇层面汇总面板数据，检验了农村交通基础设施对农民人均纯收入的门槛效应，求出相应的门槛值和影响区间，并在此基础上从农民人均纯收入两大主要构成视角探析了农村交通基础设施影响农民人均纯收入的机制。结果表明：

(1) 西部地区农村交通基础设施与农民人均纯收入之间具有非线性关系；有效

路网密度对农民人均纯收入具有显著的正向促进作用，且具有明显的三重门槛，换算为实际有效路网密度分别为 7.099、20.247、30.569；在与之对应的 4 个门槛区间内，有效路网密度对农民人均纯收入的弹性值分别为 0.301、0.219、0.264、0.318，呈现出先下降再上升的 U 形趋势。

(2)在作用机制方面，农村交通基础设施对农民人均工资性收入和人均家庭经营纯收入均具有显著促进作用和不同的三重门槛效应。在各门槛区间上，有效路网密度对人均工资性收入和人均家庭经营纯收入的弹性值具有不同的影响。随着有效路网密度的提高，对人均工资性收入的弹性值总体上呈现下降趋势，但对人均家庭经营纯收入的弹性值却相反，最终表现出上升趋势；当有效路网密度大于 4.336 时，改善农村交通基础设施水平对农民人均家庭经营纯收入的促进作用较其对人均工资性收入的作用更大，当有效路网密度在(4.336，8.373]区间内和大于 29.934 时，其促进作用更为明显。

(3)农业机械总动力、劳动力平均受教育年限和财政支农均具有增收效应；农作物总播种面积的扩大对农民人均工资性收入具有促进作用，但对人均家庭经营纯收入却具有抑制性，在总体上会制约人均纯收入的增长。

(4)综合对比发现，采用线性模型会高估农村交通基础设施的农民收入效应，采用门槛模型可以更加准确地刻画变量之间的非线性关系及其作用机制，能提高估计结果的可靠性。

主要启示如下：

第一，西部地区农村交通基础设施尚未达到增收效应停滞的临界值，可以继续通过加强农村路网建设等方式促进农民增收，但在这个过程中需要对交通基础设施存量的合理性和流量的适宜性做出权衡和规划。要增加农业和农村的吸引力，有效路网密度至少需要保持在 4.336km/10^3hm^2 以上，要使农民的增收效应更佳，农村路网密度需要尽量保持在 30.569km/10^3hm^2 以上。

第二，需要将西部地区农村交通基础设施建设同其他影响农民增收的措施配合使用，政府需要继续增加对西部地区农村的教育投入、财政支出及农业技术支持等以促进其农业技术水平和人力资本等的提高。同时，还需要注意各种措施对农民收入及其收入结构的不同影响，这样才能在最大程度上实现农民增收的目标，进一步缓解农民贫困和农村空巢化问题。

第6章　西部地区交通基础设施的
溢出效应检验

　　空间溢出是区域间相互联系的一种形式，本书将交通基础设施的空间溢出效应界定为，一个区域交通基础设施的变动所引起的本区域或其他区域经济变量变动的程度。本章采用西部 12 省（区、市）农村 2000—2014 年的面板数据，从交通基础资本流量和存量两个角度，运用时间滞后模型和溢出效应模型分别对交通基础设施的跨期和城乡之间的溢出效应及其影响因素进行检验，以期对中国西部地区农村交通基础设施建设与投资提供理论参考。研究发现，交通基础设施对西部地区农村的经济增长确实存在促进作用；交通基础设施的资本流量和存量在时间上均存在溢出效应，即不仅在建设期，而且在投资建成后的较长一段时间内都将对经济增长产生影响；西部地区的城市交通基础设施对农村的经济增长也有促进作用（正向溢出效应），且交通基础设施资本存量对经济增长的贡献率大于资本流量。

6.1　交通基础设施溢出效应概述

　　溢出效应是指一个组织在进行某项活动时，不仅会产生活动所预期的效果，而且会对组织之外的人或社会产生影响。溢出效应分为知识溢出效应、技术溢出效应和经济溢出效应等。萨缪尔森对溢出效应的界定可以概述为，当生产或消费对其他人产生附带的成本或效益时，外部经济效应就发生了。

　　经济外部性亦称外部成本、外部效应或溢出效应，是指在社会经济活动中，一个经济主体（国家、企业或个人）的行为直接影响到另一个相应的经济主体，却没有给予相应支付或得到相应补偿，就出现了外部性。外部性可能是正面的，也可能是负面的。对一个区域而言，溢出效应是极化效应和扩散效应共同作用的结果。如果极化效应大于扩散效应，溢出为负，则有利于增长极的发展，反之，则有利于周围地区的经济发展。

　　交通基础设施所具有的通达性和网络性为其空间溢出效应的产生提供了必要前提。在经济总量的生产函数中，基础设施既可以作为产品直接计入总产出，又可作为中间投入品，通过提高其他生产要素的生产效率来间接地提高总产出，后者在"新增长"文献中被称为外部性。有关中国基础设施问题，学者在持续提高基础设施水平上是有共识的，但就基础设施在刺激经济增长的作用、基础设施对经济增长的外部性如何等方面，学术界仍然存在争议(刘生龙和郑世林，2013)。交通基础设施对区域的影响随着区域地理位置和社会经济发展水平的不同而具有异质性，如交通基础设施的改善会引起生产要素向优势区域集聚，此时，交通基础设施对优势区域所产生的正向空间溢出效应是以对落后区域所产生的负向空间溢出效应为代价的。一方面，交通基础设施加速了生产要素的流动，提高了就业率，促进了区域经济的一体化发展，实现了发达地区与落后地区的资源优势互补，产生了正向溢出效应；另一方面，交通基础设施的改善会改变一个地区的可达性和吸引力，促使落后地区的生产要素向发达地区流动，从而导致贫困地区因生产资源的减少而降低经济增长速度，最终更加提升了经济发达地区先进的科技、丰厚的资本和充沛的劳动力等竞争优势，给落后地区的发展带来不利影响，即产生负向溢出效应。交通基础设施对同一区域的影响也随着区域社会经济的发展而发生变化。因而，交通基础设施的空间溢出效应是动态变化的(李逢岳，2013)。

基础设施对经济增长的溢出效应迄今仍存在很大的分歧。第一种分歧是基础设施外部性存不存在的问题，一些研究者发现基础设施对经济增长存在溢出效应(Hsieh and Chang-Tai，1999；Hulten et al.，2006)；还有一些研究者通过研究发现基础设施对经济增长的外部性并不明显(Hulten，1991；Young，1995；Hulten and Schwab，2000)。第二种分歧是基础设施的跨区域影响到底是正向的，还是负向的，负向的影响被称之为本地效应。一些研究者通过研究发现，由于基础设施能够实现发达地区与落后地区的资源优势互补，能够促进区域经济一体化从而扩大市场规模，能够促进全要素生产率的提高，因而产生正向溢出效应(Aschauer，1989；Hulten et al.，2006)。然而，也有研究者认为，本地的基础设施发展很可能给周边地区和其他地区的经济发展带来不利影响。具体而言，本地的基础设施发展会使其他地区的劳动力和资本向该地区流动，从而导致其他地区因生产资源减少而降低经济增长速度，即产生所谓的本地效应(Boarnet，1998)。

从国内文献来看，已有一些文献从理论和实证两个层面论证了基础设施对经济增长的影响，并在一定程度上回应了批评者的质疑。这些研究大都表明，基础设施对中国的经济增长产生了显著的正向影响(叶昌友和王遐见，2013)和网络效应(刘生龙和胡鞍钢，2010，2011)，且交通基础设施的改善将会促使跨省劳动力的迁徙增加。

刘生龙和郑世林(2013)与Douglas(1995)和Boarnet(1998)一样，为了衡量地区之间的相邻程度，借用空间计量经济文献的一个术语，两个地区相邻程度的标准被定义成这两个地区的生产要素或产出相互流动的容易程度，越容易流动，这两个地区的相邻程度越高。基于这样一个标准，测度了3种相邻程度：第一种是地理位置接壤；第二种是人均 GDP 的相似程度；第三种是产业结构的相似程度。而本书仅测度时间维度的临近性（引入时间滞后项）及西部地区城市与农村（核心和外围）之间的临近性两个方面的溢出效应。

6.2　模型构建及数据处理

首先，对实证模型中解释变量的选取及模型的检验和设定进行说明；其次，根据 *Moran I* 指数检验西部地区农民人均纯收入的空间依赖性；最后，通过逐步回归，将交通基础设施的资本流量和存量等变量分离开来，通过构建多个计量模型对比分析，对西部地区的时间滞后效应和溢出效应进行探讨。

6.2.1　变量选取、来源与模型设定说明

1. 变量选取

农村交通基础设施的溢出效应在很大程度上最终会表现为农民人均纯收入的增加，因此，本章采用农民人均纯收入来表征交通基础设施的溢出效应。影响农民纯收入的因素很多，主要包括农村劳动力、技术进步、交通基础设施水平等，考虑到数据的可得性，最后选择第一产业就业人数、农业机械总动力、农作物播种面积、西部地区城市和农村的交通运输投资、公路线路年末里程等作为解释变量，以农民人均纯收入作为被解释变量，基于西部 12 省（区、市）农村面板数据（2000—2014 年），分别采用时间滞后和空间溢出效应模型来检验交通基础设施的溢出效应。变量及其具体含义如下。

被解释变量：交通基础设施的溢出效应，采用西部各省（区、市）农民人均纯收入作为衡量指标。

解释变量：包括核心变量和控制变量。核心变量包括交通基础设施投资（流量）和交通基础设施存量。①交通基础设施投资（流量）。将交通基础设施资本流量和存量分别进行测度与检验。鉴于历年的《中国农村统计年鉴》把农村地区交通运输和邮电通信投资之和一起统计，难以区分二者的具体比例，因此，将交通运输邮电通信投资（亿元）看作交通基础设施投资流量。②交通基础设施存量。农村主要的交通运输方式是公路运输，因此本章使用农村公路里程（剔除高速公路）来替代农村交通基础设施水平（存量）。鉴于现有统计年鉴是从 2006 年开始将农村与城市的交通运输指标分离，并作为独立指标进行统计的事实，本章选取 2006—2014 年的农村公路年末里程数据展开研究。

控制变量包括劳动力变量（万人）、技术进步和土地要素等。①劳动力变量（万

人）。考虑到数据可得性等制约，采用西部地区历年年末第一产业的就业人数来替代农村劳动力。②技术进步。科技发展对农村的经济发展有着不可或缺的作用，农业机械总动力在很大程度上代表了农村的技术进步，因此，采用农业机械总动力（10^4kW）来替代技术进步对农民收入的影响。③土地要素。考虑到土地耕种的收益是农民收入的主要来源之一，因此，采用农作物播种面积（10^3hm^2）来表征土地要素对农民收入的影响。

2. 数据来源

本章采用西部地区农村的省级面板数据对模型进行实证分析，其中农民人均纯收入、第一产业就业人数、农作物播种面积及交通基础设施投资等数据来源于历年的《中国农村统计年鉴》及各地区历年的公报；农村公路年末里程等数据来源于 EPS 数据平台。

3. 模型设定

1）单位根检验

本章通过对变量逐一进行单位根检验，检查模型中时间序列的平稳性，结果见表 6.1。通过表 6.1 可以看出，农业机械总动力的 ADF 的 P 值小于 0.05，拒绝原假设，不存在单位根；农民人均纯收入、第一产业就业人数、农作物播种面积、农村公路年末里程、农村交通基础设施投资，在 ADF-Fisher Chi-square 检验中，P 值均大于 0.05，接受原假设，表明在 5%的显著性水平下存在单位根，但对这些序列进行一阶差分后发现，其 ADF 的 P 值均小于 0.05，拒绝原假设，表明在 5%的显著性水平下不存在单位根。

表 6.1   各变量单位根检验结果

变量	变量的含义	ADF 的 P 值	是否存在单位根	一阶差分后 ADF 的 P 值
Y	农民人均纯收入	0.0531	是	0.0000
Lm	第一产业就业人数	0.9119	是	0.0000
Ma	农业机械总动力	0.0361	否	
Cr	农作物播种面积	0.7930	是	0.0000
Tr	农村公路年末里程	0.0573	是	0.0027
Ml	农村交通基础设施投资	0.8682	是	0.0002

综上所述，农民人均纯收入、第一产业就业人数、农作物播种面积、农村公路年末里程、农村交通基础设施投资等变量为一阶单整变量；农业机械总动力是平稳的。

协整检验考查的是变量之间的长期趋势，鉴于本章所采用的数据时期较短，因而略去协整检验。

2) Hausman 检验

在模型的设定过程中，为了更好地判断是选择固定效应模型还是随机模型，通过对变量进行 Hausman 检验，根据 P 值来判断具体模型的选择。结果见表 6.2。

表 6.2　Hausman 检验结果

变量	检验结果			
	Chi-Sq. Statistic 58.4524		Chi-Sq. d.f. 5	Prob. 0.0000
	固定效应	随机效应	Var（Diff.）	Prob.
$\log Ml$	−0.0312	−0.0224	0.0000	0.0000
$\log Cr$	0.6714	−0.5632	0.0573	0.0000
$\log Ma$	1.3526	1.6778	0.0077	0.0002
$\log Lm$	−0.0915	−0.4936	0.0087	0.0000
$\log Tr$	0.5485	0.2161	0.0114	0.0018

根据以上检验结果发现，P 值小于 0.05，拒绝了原假设，因此，在 5%显著性水平下显著，采用个体固定效应模型来展开分析。

3) 理论模型设定

通过以上相关检验，最终理论模型设定如下：

$$\ln Y_{it} = \alpha_i + \beta_1 \ln Tr_{it} + \beta_2 \ln Ml_{it} + X\beta + \varepsilon_{it} \tag{6.1}$$

上文及式（6.1）中，Y 表示农民人均纯收入；Ml 表示农村交通基础设施投资；Tr 代表农村公路年末里程（剔除高速公路）；而 X 代表其他控制变量；Lm 表示第一产业就业人数；Ma 表示农业机械总动力；Cr 表示农作物播种面积；ε_{it} 表示残差项；$i = 1, 2, \cdots, n$ 表示选取的样本个体；$t = 1, 2, \cdots, T$ 代表选择的时间区间。

6.2.2　西部地区农村人均纯收入的空间相关性检验

$Moran\ I$ 指数常被用来判断区域间变量的空间相关性，$Moran\ I$ 的取值范围为 (−1, 1)。当 $Moran\ I$ 大于 0 时，各地区间的经济变量为空间正相关，即存在空间集聚现象；当 $Moran\ I$ 小于 0 时，表明各地区间某经济变量为空间负相关，即存在空间排斥现象；当 $Moran\ I$ 等于 0 时，各地区间变量相互独立。$Moran\ I$ 的表达式为

$$Moran\ I = \frac{n \sum_{i=1}^{n} \sum_{j=1}^{n} w_{ij}(x_i - \bar{x})(x_j - \bar{x})}{\sum_{i=1}^{n} \sum_{j=1}^{n} w_{ij} \sum_{i=1}^{n} (x - \bar{x})^2} \tag{6.2}$$

式中，x_i、x_j 表示 i 和 j 两个地区的观测值；n 表示空间单元数；w_{ij} 为邻接空间权重矩阵，空间权重矩阵采用量化的方式描述数据之间的空间结构，研究者根据研究目的不同，选择相应的矩阵构建方式，本章主要采用二进制空间权重矩阵，一般地，

$$w_{ij} = \begin{cases} 1, & \text{表示两地相邻} \\ 0, & \text{表示两地不相邻} \end{cases} \tag{6.3}$$

式中，$i=1，2，\cdots，n$；$j=1，2，\cdots m$ 且 $m \neq n$。

本章用 2014 年农民人均纯收入（被解释变量）的 $Moran\ I$ 指数来判断其空间依赖性，通过计算得出 $Moran\ I = -0.1145$，即在总体上表现出空间负相关性。由于该系数绝对值较小，表明西部地区农民人均纯收入的空间依赖性相对较弱，为了进一步观察其集聚趋势的强度，作出 $Moran\ I$ 的散点图，具体如图 6.1 所示。

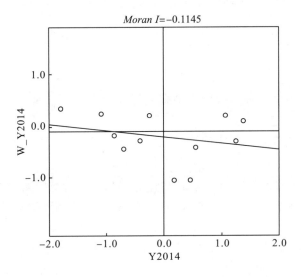

图 6.1　2014 年人均纯收入的 $Moran\ I$ 散点图

一般地，在 $Moran\ I$ 散点图中，不同象限代表不同的空间联动形态：第一象限表示高观测值区域的周边也都是高值区（HH），二者之间的空间差异程度较小；第二象限表示低观测值区域的周边都是高值区（LH），二者的空间差异程度较大；第三象限表示低观测值区域的周边都是低值区（LL），二者的空间差异程度较小；第四象限表示高观测值区域的周边都是低值区（HL），二者的空间差异程度较大。HH 和 LL 表现为空间正相关性，LH 和 HL 表现为空间负相关性。

从图 6.1 可以看出，有 5 个省份的农民人均纯收入表现出正向空间依赖性，另外 7 个省份表现出负向空间依赖性，但从西部地区农民人均纯收入的 $Moran\ I$ 散点图来看，西部地区的农民人均纯收入（被解释变量）之间在总体上表现出较低

的负向空间依赖性，这也是本书仅仅分析农村交通基础设施在时间和城乡之间的空间溢出效应的重要原因。

6.2.3　实证模型的构建

对理论模型(6.1)进行回归，具体结果见表 6.3。

表 6.3　模型回归结果

解释变量	变量的含义	系数	标准差	T 值
C	常数项	-12.6632	2.5753	-4.9172
$\ln Tr$	农村公路年末里程对数	0.5485	0.1489	3.6826
$\ln Ml$	农村交通基础设施投资对数	-0.0312	0.0100	-3.1133
$\ln Cr$	农作物播种面积对数	0.6714	0.2710	2.4776
$\ln Ma$	农业机械总动力对数	1.3526	0.1324	10.2192
$\ln Lm$	第一产业就业人数对数	-0.0915	0.1328	-0.6890
R^2	可决系数	0.9675		
F 值		119.0614		

由表 6.3 可以看出，$R^2 = 0.9675$，接近 1，表明模型的拟合优度较高，即表明人均居民纯收入与上述解释变量之间的总体相关关系显著。然而，部分变量的符号与常识不相符，如变量 $\ln Ml$ 和 $\ln Lm$ 的符号不符合经济意义，初步判断至少有两个或两个以上的解释变量之间可能存在多重共线性。因此，对基础理论模型采用逐步回归法处理。

分别将解释变量 $\ln Lm$、$\ln Tr$、$\ln Ma$、$\ln Cr$、$\ln Ml$ 对 $\ln Y$ 进行回归，通过各自的 R^2 值来确定基础模型，各变量的 R^2 值见表 6.4。

表 6.4　主要解释变量的可决系数 (R^2)

解释变量	变量的含义	R^2
$\ln Lm$	第一产业就业人数对数	0.284
$\ln Ma$	农业机械总动力对数	0.909
$\ln Cr$	农作物播种面积对数	0.413
$\ln Ml$	农村交通基础设施投资对数	0.302
$\ln Tr$	农村公路年末里程对数	0.796

由表 6.4 可知，农民人均纯收入受农业机械总动力影响最大，其 $R^2 = 0.909$，其次是农村公路年末里程，$R^2 = 0.796$，这与经验相符合，因此选 $\ln Ma$ 变量为逐

步回归分析的初始回归模型。介于交通基础设施的资本流量和存量之间存在很强的相关性，本章拟分别引入交通基础设施的资本流量和存量两个变量进行回归，进而分析二者对西部地区农村经济发展所产生的影响。采取逐步回归的方法处理严重的共线性后本章最终分别以 $Y_{it} = f(Lm_{it}, Cr_{it}, Ml_{it})$ 和 $Y_{it} = f(Lm_{it}, Ma_{it}, Tr_{it})$ 的双对数模型作为基准模型来分析和解释交通基础设施的溢出效应。

1. 交通基础设施投资(流量)的溢出效应

(1)交通基础设施投资模型：

$$\ln Y_{it} = \alpha_i + \beta_1 \ln Lm_{it} + \beta_2 \ln Cr_{it} + \beta_3 \ln Ml_{it} + \varepsilon_{it} \qquad (6.4)$$

(2)交通基础设施投资的时间滞后模型(时间维度的溢出效应)：

$$\ln Y_{it} = \alpha_i + \beta_1 \ln Lm_{it} + \beta_2 \ln Cr_{it} + \beta_3 \ln Ml_{i(t-1)} + \varepsilon_{it} \qquad (6.5)$$

交通基础设施的溢出作用不仅体现在投资建设过程中，而且在建成后仍可能对经济增长有一定作用。考虑到农村交通基础设施具有规模小、投资少、见效快等特点(很多农村公路的建设周期在一年以内)，选择的滞后年期数为 1 期。

(3)交通基础设施投资的空间溢出效应模型(核心与外围之间的溢出效应)：

$$\ln Y_{it} = \alpha_i + \beta_1 \ln Lm_{it} + \beta_2 \ln Cr_{it} + \beta_3 \ln OMl_{it} + \varepsilon_{it} \qquad (6.6)$$

式(6.6)中，OMl_{it} 表示其他地区的交通基础设施资本流量。鉴于交通基础设施不仅能够促进本地经济增长，而且具有显著的正向跨区域溢出效应(刘生龙和郑世林，2013)，本章假设西部地区相应省份的城市交通基础设施投资有助于相应省份的农民增收，进而采用相应省份的城市交通基础设施投资来表征其他地区的交通基础设施投资(流量)，并结合空间权重矩阵，交通基础设施溢出效应 OMl_{it} 的具体构建如下：

$$OMl_{it} = \sum_{j=1}^{n} w_{ijt} \times Ml_{jt}$$

式中，w_{ijt} 为空间权重矩阵的元素值，且满足 $\sum_{j=1}^{n} w_{ijt} = 1$ 的假设。

2. 交通基础设施存量的溢出效应

(1)交通基础设施存量溢出效应的基础模型：

$$\ln Y_{it} = \beta_i + \beta_1 \ln Tr_{it} + \beta_2 \ln Lm_{it} + \beta_3 \ln Ma_{it} + \varepsilon_{it} \qquad (6.7)$$

(2)交通基础设施存量的时间滞后模型(时间维度的溢出效应)：

$$\ln Y_{it} = \beta_i + \beta_1 \ln Tr_{it-1} + \beta_2 \ln Lm_{it} + \beta_3 \ln Ma_{it} + \varepsilon_{it} \qquad (6.8)$$

(3)交通基础设施存量的空间溢出效应模型(核心与外围之间的溢出效应)：

$$\ln Y_{it} = \beta_i + \beta_1 \ln Tr_{it} + \beta_2 \ln Lm_{it} + \beta_3 \ln Ma_{it} + \beta_4 \ln OTr_{it} + \varepsilon_{it} \qquad (6.9)$$

式(6.9)中，OTr_{it} 表示其他地区交通基础设施存量的溢出效应，采用西部 12 省(区、市)相应的城市公路年末里程数据来表征,这样选取的理论假设前提是交通基础设施不仅能够促进本地经济增长,而且具有显著的正向跨区域溢出效应(刘生龙和郑世林,2013)。

综上所述,本章主要变量的统计性描述见表 6.5。

表 6.5　主要变量统计性描述

主要解释变量	变量的含义	观测值	平均值	标准差	最小值	最大值
ln$Y$	农民人均纯收入对数	103	8.1666	0.4001	7.4509	9.0590
lnCr	农作物播种面积对数	103	8.1388	0.9068	5.4506	9.1780
lnMl	农村交通基础设施投资对数	103	2.5482	1.2496	-2.3026	5.3813
lnLm	第一产业就业人数对数	103	6.4501	0.9495	4.4830	7.7746
lnOMl	城市交通基础设施投资对数	103	5.5987	0.9651	3.5779	7.6481
lnTr	农村公路年末里程对数	103	11.5149	0.6435	9.7631	12.5381
lnMa	农业机械总动力对数	103	7.2727	0.7145	5.6353	8.2823
lnOTr	城市公路年末里程对数	103	8.0671	0.9238	5.7462	9.3814

6.3　实证结果及分析

6.3.1　交通基础设施资本流量模型的实证结果分析

1. 交通基础设施投资溢出效应基础模型回归结果与分析

对表征西部 12 省(区、市)农村交通基础设施投资(流量)溢出效应的基础模型(6.4)进行回归,具体结果见表 6.6。

表 6.6　交通基础设施投资溢出效应基础模型回归结果

解释变量	变量的含义	系数	标准差	T 值
C	常数项	-0.1490	3.3187	-0.0449
lnMl	农村交通基础设施投资对数	0.1126	0.0270	4.1807
lnCr	农作物播种面积对数	3.1845	0.3626	8.7821
lnLm	第一产业就业人数对数	-2.7882	0.2867	-9.7269
R^2	可决系数	0.6916		
F 值		21.1416		

依据表 6.6，得出模型的方程为

$$\ln Y_{it} = -0.1490 + 0.1126\ln Ml_{it} + 3.1845\ln Cr_{it} - 2.7882\ln Lm_{it} \qquad (6.10)$$

从回归估计的结果看，模型拟合较好。$R^2=0.6916$，表明农民人均纯收入的 69.2%可由农村交通基础设施流量、农作物播种面积及第一产业就业人数的数值来解释。当其他条件保持不变时，农村交通基础设施投资每增加 1000 万元，农民人均纯收入增加 113 元；当其他条件不变时，农作物播种面积每增加 $1 \times 10^4 \text{ hm}^2$，农民人均纯收入增加 31.84 元；当其他条件不变时，第一产业就业人数每增加 1 万人，农民人均纯收入减少 2.788 元。从各变量的参数来看，农村交通基础设施投资对农民人均纯收入的贡献率为 0.113。从总体上看，交通基础设施的短期投资对农民人均纯收入贡献率较小，在一定程度上表明，在西部地区农村，交通基础设施的短期投资对农民人均纯收入的影响较小，这可能是由于农村地区交通基础设施投资规模相对较小，给农民创造收入的机会相对有限。

根据基础模型的回归结果，第一产业就业人数增加反而导致人均收入下降，可能是第一产业就业人数增加会导致农民人均耕地面积减小所致，这种现象也在一定程度上阐述了农村空巢化的原因。农村空巢化是指大量农村青壮年劳动力流向城市，农村中老人、妇女和儿童的比重远远高于年轻人，致使第一产业就业人数大幅下降的一种现象(周祝平，2008)。当人均纯收入不能和劳动力人数呈正相关关系时，大量农民会选择到外地打工等方式谋生。此外，农业较差的就业吸引能力和年轻人的受教育水平越来越高，都会导致大量劳动力外流，最终产生农村空巢化现象。

2. 交通基础设施投资时间溢出模型回归结果与分析

测度交通基础设施投资在时间维度的溢出效应，对模型(6.5)进行回归的结果见表 6.7。

表 6.7　交通基础设施投资时间溢出效应模型回归结果

解释变量	变量的含义	系数	标准差	T 值
C	常数项	-2.6809	3.2920	-0.8144
$\ln Ml(-1)$	农村交通基础设施投资滞后一期对数	0.1224	0.0267	4.5848
$\ln Cr$	农作物播种面积对数	3.4258	0.3579	9.5708
$\ln Lm$	第一产业就业人数对数	-2.6989	0.2827	-9.5461
R^2	可决系数	0.7278		
F 值		24.2608		

基于表 6.7 的回归结果，西部地区农村交通基础设施投资在时间维度的溢出效应可以表示为以下的方程：

$$\ln Y_{it} = -2.6809 + 0.1224 \ln Ml_{i(t-1)} + 3.4258 \ln Cr_{it} - 2.6989 \ln Lm_{it} \qquad (6.11)$$

通过比较模型(6.11)的估计结果与模型(6.10)的估计结果可以发现，模型(6.11)的显著性得到了较大的提升。此外，农村交通基础设施投资的当期和滞后一期的参数估计值均具有显著性，表明交通基础设施投资对经济增长的影响不仅体现在投资建设期，而且在投资后一段时间内都将对经济增长产生影响，即交通基础设施存在跨区溢出效应。

3. 交通基础设施投资空间溢出效应模型估计结果及解释

对交通基础设施投资空间溢出效应模型(6.6)进行回归的结果见表 6.8。

表 6.8　西部地区交通基础设施投资空间溢出效应模型回归结果

解释变量	变量的含义	系数	标准差	T 值
C	常数项	-2.8180	1.9528	-1.4431
$\ln Ml$	农村交通基础设施投资对数	0.0002	0.0130	0.0175
$\ln Cr$	农作物播种面积对数	1.4117	0.2195	6.4322
$\ln Lm$	第一产业就业人数对数	-0.4973	0.1719	-2.8935
$\ln OMl$	城市交通基础设施投资对数	0.4829	0.0251	19.2505
R^2	可决系数	0.9394		
F 值		89.9526		

基于表 6.8 的估计结果，西部地区农村交通基础设施投资空间溢出效应可以用以下的方程来表征：

$$\ln Y_{it} = -2.8180 + 0.0002 \ln Ml_{it} + 1.4117 \ln Cr_{it} - 0.4973 \ln Lm_{it} + 0.4829 \ln OMl_{it} \qquad (6.12)$$

从表 6.8 给出的回归结果来看，在引入城市交通基础资本存量后，方程的拟合优度明显提高。农作物播种面积和城市交通基础设施投资(资本流量)对农民人均纯收入依旧是正向促进作用，农作物播种面积对农民人均纯收入的弹性最大；第一产业就业人数和农民人均纯收入仍呈负相关关系。城市交通基础设施投资对农民人均纯收入的弹性为 0.4829，与基础模型(6.4)比较，农村交通基础设施投资对农民人均纯收入的影响明显下降，其系数非常小且极为不显著，表明此时农村交通基础设施投资对农民人均纯收入几乎不产生影响。

城市交通基础设施投资对西部地区农民的增收具有非常显著的促进作用，即表现出正向溢出效应。出现这种情况，一种可能的解释是，西部 12 省(区、市)相应城市的交通基础设施投资可能为该省(区、市)农民创造了大量的就业机会，增加了其工资收入，同时，可能是因为第一产业就业人数的减少也有助于农民的增收，西部地区相关城市的交通基础设施投资可能通过这两种路径来提高相关省份的农民的收入水平。换言之，西部地区城市交通基础设施投资对该地区农民的增收具有正外部性，能促进西部地区农民增收。因此，在实施通过提高西部地区农村交通基础设施水平来促进农民增收策略的过程中，政府不应该通过缩减西部地区城市交通基础设施投资来筹措其农村交通基础设施投资资金，而应该同时注重发挥城市交通基础设施的外部性、通达性、网络性及对农村地区的正向溢出效应。

6.3.2　交通基础设施存量溢出效应模型的实证结果与分析

1. 交通基础设施存量基础模型估计结果

对模型(6.7)进行回归，结果见表 6.9。

表 6.9　西部地区农村交通基础设施存量基础模型回归结果

解释变量	变量的含义	系数	标准差	T 值
C	常数项	-5.9986	1.6479	-3.6401
$\ln Ma$	农业机械总动力对数	1.6727	0.0884	18.9285
$\ln Tr$	农村公路年末里程对数	0.3044	0.1432	2.1260
$\ln Lm$	第一产业就业人数对数	-0.2087	0.1271	-1.6419
R^2	可决系数	0.9631		
F 值		151.1523		

依据表 6.9 的结果，交通基础设施存量基础模型可以用以下的方程来表征：

$$\ln Y_{it} = -5.9986 + 1.6727\ln Ma_{it} + 0.3044\ln Tr_{it} - 0.2087\ln Lm_{it} \qquad (6.13)$$

模型的 R^2 接近 1，方程的拟合优度较高。从表 6.9 的回归结果来看，农业机械总动力对农民人均纯收入的贡献最大；交通基础设施资本存量的贡献率为0.3044。与基础模型(6.4)相比，交通基础设施资本存量对经济增长的促进作用高于交通基础设施投资(流量)的影响。这与张学良(2007)得出的挤出效应会削弱交通基础设施投资对经济增长的作用的结论相符；而交通基础设施资本存量主要通过空间聚集和溢出效应，最终促进区域经济增长，进而促进农民增收。

2. 西部地区农村交通基础设施存量时间维度溢出效应估计结果与分析

对表征西部地区农村交通基础设施存量时间维度溢出效应的滞后效应模型(6.8)进行回归，结果见表 6.10。

表 6.10　西部农村交通基础设施存量时间溢出效应模型回归结果

解释变量	变量的含义	系数	标准差	T 值
C	常数项	-5.7066	1.7346	-3.2896
$\ln Ma$	农业机械总动力对数	1.7271	0.1000	17.3242
$\ln Tr(-1)$	上年末的农村公路年末里程对数	0.2673	0.1471	1.8180
$\ln Lm$	第一产业就业人数对数	-0.2492	0.1600	-1.5577
R^2	可决系数	0.9611		
F 值		121.6304		

依据表 6.10 的估计结果，西部地区农村交通基础设施存量时间溢出效应可以用以下方程来表征：

$$\ln Y_{it} = -5.7066 + 1.7271\ln Ma_{it} + 0.2673\ln Tr_{i(t-1)} - 0.2492\ln Lm_{it} \qquad (6.14)$$

依据式 (6.14)，从西部 12 省 (区、市) 农村交通基础设施存量在时间维度的溢出效应 (时间滞后模型) 中可以发现，与农村交通基础设施存量基础模型 (6.7) 相比，表征农民收入效应的弹性和各变量的显著性均发生了一定的变化。变量显著性检验的 T 值大于 1.8，表明在 10% 显著性水平下，上一期的交通基础设施存量对农民人均纯收入产生显著的促进作用，即西部 12 省 (区、市) 城市交通基础设施存量对农民人均纯收入存在一定的正向溢出效应。而第一产业就业人数的符号为负，一种可能的解释是，第一产业就业人数增加使农民人均可耕地面积减少，在一定程度上制约了农民增收。

3. 西部地区农村交通基础设施存量空间溢出效应模型估计结果

对西部 12 省 (区、市) 农村交通基础设施存量空间溢出效应 (核心对外围的溢出效应) 模型 (6.9) 进行回归，结果见表 6.11。

表 6.11　西部地区城市交通基础设施存量空间溢出效应模型回归结果

解释变量	变量的含义	系数	标准差	T 值
C	常数项	-7.3872	1.4121	-5.2315
$\ln Ma$	农业机械总动力对数	1.1312	0.1196	9.4598
$\ln Tr$	农村公路年末里程对数	0.3556	0.1212	2.9322
$\ln Lm$	第一产业就业人数对数	-0.2720	0.1079	-2.5213
$\ln OTr$	城市公路年末里程对数	0.6373	0.1100	5.7955
R^2	可决系数	0.9740		
F 值		200.0720		

依据表 6.11 的估计结果，西部地区城市交通基础设施存量的空间溢出效应模型可以用以下方程来表征：

$$\ln Y_{it} = -7.3872 + 1.1312\ln Ma_{it} + 0.3556\ln Tr_{it} - 0.2720\ln Lm_{it} + 0.6373\ln OTr_{it} \quad (6.15)$$

在模型(6.15)中，核心变量城市公路年末里程对数及控制变量第一产业就业人数对数、农业机械总动力对数和农村公路年末里程对数对农民人均纯收入均具有显著的影响。城市交通基础设施存量对农民人均纯收入具有正向促进作用，一种可能的解释是，西部地区城市交通基础设施的改善有助于增加西部地区城市的吸引力，更多的农村劳动力流动到城市赚取工资收入，同时也减少了第一产业就业人数，这有助于西部农村地区人均意义上的农民增收。此外，西部地区城市的发展可能更有财力反哺农村，从而促进了西部地区农村的发展。农村交通基础设施投资对西部地区农民人均纯收入的作用与式(6.14)同为负，其解释也类似。农业机械总动力对数和农村公路年末里程对数显著为正，表明通过提高西部地区农村的技术水平和加大西部地区交通基础设施投资均有助于西部地区的农民增收。

6.4　本 章 小 结

本章利用西部 12 省(区、市)农村 2000—2014 年的面板数据，从交通基础设施存量和流量两个视角，采用时间滞后模型和溢出效应模型检验与测度了西部地区农村交通基础设施的溢出效应，同时也检验了西部地区城市交通基础设施对农民收入的效应，并根据实证结果对西部地区农村交通基础设施建设提出政策启示，以期为提高西部地区农民收入、改善农村面貌提供理论参考。

通过多个模型进行比较得出以下结论：

(1)通过 Moran I 指数和散点图发现，西部地区农村经济的空间依赖性较低，但仍有一半的省份之间存在正相关性。

(2)西部地区农村交通基础设施存量对农民增收确实存在促进作用。

(3)西部地区农村交通基础设施流量在建设期和建成后的较长时间内均对农民增收产生一定的影响，即在时间上存在溢出效应。其中，西部地区农村交通基础设施存量有助于农民增收，而西部地区农村交通基础设施投资则对农民的增收表现出抑制性。

(4)西部地区城市交通基础设施存量和投资均对西部地区相应的农村的农民增收均具极为显著的正向溢出效应。

(5)西部地区第一产业就业人数对西部地区农民人均纯收入具有负向影响，而农村技术水平则能显著促进农民增收。

基于以上结论，得到以下启示：我国在对西部地区农村交通基础设施的建设中，要城乡并进，不断完善西部地区城乡的交通基础设施网络，充分利用交通基础设施的外部性、通达性和网络性，从而促进西部地区的农民增收。此外，农村交通基础设施投资在资金的筹措方面不能增加农民的负担。第一产业就业人数与农民人均纯收入的反向变动关系表明了农村空巢化的原因。大量人口的外迁转移，使得农村地区的劳动力急剧下降，最终会对贫困地区产生负向溢出效应。因此，要为加快交通基础设施建设营造良好的投资环境，还应该改善本地投资环境，提高教育水平，提高人力资本综合素质，促进农村技术水平的提高，加速乡村企业的城镇化发展，促进农村剩余劳动力向非农业劳动转移，解决农村非农人员的就业问题，促进内部生产要素的流动，增加农民收入。

第7章 交通基础设施收入不平等效应检验

本章利用 2000—2014 年西部地区的面板数据构建计量模型来检验西部地区农村交通基础设施的收入不平等效应及其作用机理。

7.1 研 究 背 景

改革开放给我国经济带来了新的活力，中国经济得到快速发展，根据统计公报，国内生产总值从 1978 年的 3605.6 亿元增长到 2014 年的 636463 亿元，到 2015 年，中国国内生产总值达到 676708 亿元，创造了中国发展史上的一个奇迹。然而，随着中国经济的快速发展，收入不平等问题也越发严重。改革开放初期，中国的基尼系数为 0.28，在 2008 年达到顶峰 0.491，近几年逐渐下降，2014 年基尼系数为 0.469，2015 年相对于 2014 年基尼系数略有下降，为 0.462，但根据国际通用标准，基尼系数在 0.4～0.5 之间表示收入分配差距较大，而中国的基尼系数仍在警戒线上。收入不平等不仅表现在地域上，而且一个地区的内部差距也较大。从东部、中部、西部地区来看，浙江人均可支配收入为 32658 元，湖南人均可支配收入为 17622 元，四川人均可支配收入为 15749 元；从城乡收入情况来看，2014 年甘肃城镇居民人均可支配收入达到 20804 元，农民人均纯收入仅为 5736 元，青海城镇居民人均可支配收入为 22306.57 元，农民人均纯收入为 7178.21 元。因此，为了平衡区域发展，应重点关注西部地区的经济发展。

而在我国西部地区，交通基础设施落后一直是制约社会经济发展的瓶颈，国家对此也采取了相应的措施：2014 年，从地域来看，东部、中部、西部地区公路交通固定资产投资分别为 5283 亿元、3703.8 亿元和 6518.2 亿元，东部、中部、西部地区固定资产投资占总投资的比例分别为 34.1%、23.9%、42.0%；2015 年国家用于西部地区公路建设的资金达 1900 多亿元，我国西部地区高速公路里程在 2015 年底达到 3.6×10^4 km；"十二五"期间，全国新改建农村公路将超过 100×10^4 km，通车总里程约为 395×10^4 km，基本实现所有乡镇和东部、中部地区建制村通硬化路，西部地区建制村通硬化路比例达 80%左右。现今较多文献都已证明交通基础设施对我国经济增长具有正向效应，但交通基础设施的收入效应问题也应得到更多关注。

7.2 交通基础设施收入不平等效应理论分析

7.2.1 农村收入不平等效应的内涵及测度指标

围绕中国农村收入差距及不平等问题，国内外已有诸多研究，一个较全面的文献综述见李实(2003)的相关著作。学者一致认为，改革开放以来，中国农村收入分配不平等总体呈现持续恶化趋势，这种趋势将给中国经济和社会发展带来严重后果，甚至会影响社会与政治稳定(万广华等，2005)。

收入差距是指以高低收入水平差别或占有收入比重的不同而表示的差距，它是与收入均等相对应的概念。收入差距可以分为相对差距和绝对差距。相对差距是以收入比重或收入相对额表示的收入差距，如将总人口按人均收入分为几组，高收入组和低收入组的收入额在总收入中所占的比重及它们之间的差距。而绝对差距则是指以货币或实物指标表示的居民收入水平差距。

测量收入不平等的方法和指标很多，因为强调不同的社会福利功能并且对洛仑兹曲线不同部分的敏感程度不同，不同的方法和指标的测量结果往往存在显著差异。基尼系数是反映居民收入分配差距程度的综合性指标，基尼系数越大，表明收入差距越大；基尼系数越小，表明收入差距越小(收入分配越均等)。一般认为，基尼系数小于 0.2 为高度平均，0.2~0.3 表示比较平均，0.3~0.4 表示相对合理，0.4~0.5 表示收入差距较大，大于 0.6 为高度不平均，国际上通常用 0.4 作为警戒线。

7.2.2 交通基础设施收入不平等效应相关研究综述

已有文献表明交通基础设施建设是缩小收入差距的一个重要影响因素，且当前收入不平等问题已成为我国重点关注问题，国外大量的文献已证实交通基础设施建设对经济增长具有正向效应，而农村数据的可得性导致鲜有研究探讨西部地区农村交通基础设施的农民收入效应的文献。另外，在农村大量青壮年出于利益的考虑而离开家乡，导致农村空巢化，国家粮食安全也受到巨大挑战。鉴于此，本章拟以西部 12 省(区、市)2000—2014 年的数据，将交通基础设施投资作为解释变量，结合影响农民收入的其他因素构建面板数据模型，分析西部农村交通基础设施对收入不平等效应的影响，以期有助于政府能够更加了解西部地区农村交通基础设施现状及其对农民收入的影响，能够为政府缩小收入差距提供参考。

以交通基础建设为主的基础设施建设被认为是经济发展的前提条件，尤其是对欠发达的农村地区，通过交通基础设施的建设可以降低交通运输成本，促进劳动力的就业与转移，增加农民收入，进而缩小城乡差距。交通基础设施的收入不平等效应是以经济增长作为其传导机制的，通过植入经济增长中介变量，并借此来探析交通基础设施的收入不平等效应被国内外学者广泛采用，因此，相关文献可以归结为以下 3 个方面。

第一，中国农村收入不平等效应及其主要影响因素。万广华等(2008)发现，中国农村地区收入不平等在不断扩大，且地区间不平等的扩大速度要大于地区内不平等的扩大速度；20 世纪 90 年代中期以后，地区间收入不平等的贡献率一直保持在 60%左右；尽管地理及其相关因素对总收入不平等的贡献率在下降，但直至 2002 年其影响仍为最大；资本存量对收入不平等的贡献率不断上升，到 21 世纪初已高达 20%以上；人力资本和农村工业化对收入不平等的贡献率相当，且呈下降趋势；住户人口对缩小收入差距有益，但其影响甚微。范从来和张中锦(2011)通过分项收入来研究收入不平等问题，发现工资性收入对扩大收入不平等效应最强，其次是转移性收入，最小的是财产性收入，经营性收入是唯一有利于缩小收入不平等效应的分项收入。万广华等(2014)利用 1995—2005 年山西、山东两省农户调查数据，发现从短期、静态的角度来看，农户的贫困脆弱性主要由随机性因素决定；而从长期、动态的角度来看，农户是否陷入或脱离贫困则取决于结构性因素，时间越长，结构性因素越重要；从资产的角度来看，中国农户应该积累更多的生产性物质资本、人力资本、金融资本和社会资本，同时提高资产使用效率，以降低其贫困脆弱性。汪晨等(2015)发现，收入极化程度自1988年开始下降，但从 1995 年开始再次上升至 2007 年，尽管略低于 1988 年，但仍保持在较高水平上；工资性收入是两极分化与多极分化加剧的最主要原因，而集体和国有企业的转移性收入对农村地区的两极分化起到减缓作用，财产性收入对城镇地区的收入两极分化和多极分化均起到减缓作用；在农村地区，工资性收入对 1988—2002 年的收入两极分化与多极分化起到加剧作用。在城镇地区，工资性收入与经营性收入一起加剧了 1995—2007 年的两极分化，但这一时期经营性收入和政府补贴减缓了收入多极分化。程名望等(2016)采用基尼系数和泰尔指数，同时兼顾阿特金森指数和变异系数，测度后发现，区域差异是造成农民收入不平等的首要因素，其次是物质资本、人力资本、金融资产等微观因素，以及家庭特征、行业、职业等因素；制度与政策、政治与社会资本等因素对农民收入不平等的影响有限。综观而言，现有研究对交通基础设施的农民收入效应的关注相对不足。

第二，交通基础设施对经济增长的影响。交通基础设施的收入不平等效应是以经济增长为其传导机制的，因此，植入经济增长中介变量，并借此来探析交通基础设施的收入不平等效应被国内外学者广泛采用。交通基础设施可以通过市场扩张、市场竞争和运输成本 3 种路径影响企业库存，进而促进经济增长。其中，市场扩张是交通基础设施影响经济增长的首要因素(张勋等，2018)。在所检索的文献中大多发现交通基础设施对经济增长有显著的正向效应；Aschauer(1989)以柯布—道格拉斯生产函数为基础，用美国 1945—1985 年的时间序列数据对包括交通基础设施在内的公共基础设施对美国经济增长的影响做了实证分析，结果发现，基础设施对美国经济增长的贡献率为 0.3；Hulten 和 Schwab（1991）在 Aschauer 的基础上，采用美国 1949—1985 年的时间序列数据，并对数据进行了一阶差分变换，估计出基础设施的产出弹性约为 0.42；Cohen 和 Paul（2007）采用空间计量经济学的方法，实证分析了基础设施投入和交通基础设施投入对地区制造业的影响，结果发现，基础设施和交通基础设施对地区制造业的影响十分显著；Fan（2002）和刘生龙（2010）等验证了交通基础设施对中国农村区域经济的影响，发现交通基础设施对农村经济的产出弹性为 0.032；黄寿峰和王艺明（2012）采用新发展的非线性 Granger 因果检验方法——非参数 Tn 检验方法，发现我国交通基础设施发展与经济增长的相互作用呈现显著的非线性动态变化趋势；交通基础设施发展与经济增长互为 Granger 因果，交通基础设施发展是经济增长的重要因素，同时，经济增长为交通基础设施发展提供了必备的经济基础；从空间溢出效应视角进行分析，张学良（2007）得出交通基础设施对区域经济增长有显著作用，弹性为 0.05～0.07，外地交通基础建设对本地经济增长以正向空间溢出效应为主，但也存在负向溢出效应的结论；Holl（2004）也证明了交通基础设施存在负向溢出效应。

第三，交通基础设施与收入差距的关系。对于交通基础设施与收入差距的关系主要有两种观点。一是交通基础设施对收入差距具有明显的正向效应。Estache（2003）认为，交通基础设施的可及性有助于穷人与现代经济活动中心取得密切联系，从而获得额外的生产机会；Balisacan 等（2002）利用印度尼西亚的数据，得出公路通过经济增长对农民的收入具有显著的正向效应，弹性为 0.05；Balisacan 等（2003）利用菲律宾省际数据进行研究，发现公路对农民财富具有较大的直接或间接影响，公路投资增加 1%，农民平均收入会上升 0.32%；樊胜根等（2002）通过研究发现农村公路投资可以增加农民就业机会，增加农民收入，缩小城乡差距；童光荣和李先玲（2014）都通过实证分析发现公路和铁路增加对城乡收入差距的总体影响较为显著，其中空间溢出效应高度显著，中国绝大多数省（区、市）公路里程数增加对相邻地区城乡收入差距产生负向空间溢出效应，而几乎所有省（区、市）铁路里程数增加对其相邻地区城乡收入差距能够产生正向空间溢出效应；叶锐和王守坤（2011）通过 GMM 对公路交通基础设施与收入差距的理论与实证分析，发现公路交通基础设施投入的增加可以显著降低城镇居民与总体居民家庭收入的差异；谢里等（2012）构建了静态和动态面板数据分析模型，静态面板数据模型的估计结果显示，在较短时间内交通基础设施投资对农村经济的发展能够产生直接的经济效应，促进农民增收，动态面板数据的结果则表明，交通基础设施投资所带来的农村交通设施条件的不断改善，将在一定程度上促进农民收入的长期稳定增加；毛圆圆和李白（2010）基于 30 个省（区、市）1999—2008 年的面板数据分析，得出中国农村交通基础设施投资对农民收入的贡献率在 0.02～0.09 之间，有着明显的正向促进作用,东部、西部地区比较显著,中部地区不是很显著;黄乾等(2013)采用空间计量方法进行研究,结果表明,交通基础设施发展有利于降低城乡收入不平等,交通基础设施每提高 1 单位,将使得城乡收入差距降低 4.2%(或 7.6%)。不少学者虽然认可交通基础设施对经济增长的作用,但指出,交通基础设施与减贫之间的关系并未得到经验证实,其真实收益要比所预期的小。Diego(2006)认为,交通网络更可能增加而不是减少地区间或地区内部的不公平问题;2004 年的世界发展报告也指出,发展中国家的交通基础设施投资很难让农村贫困人口享受到真正的实惠。

交通基础设施的收入效应源自其通达性和网络性。交通基础设施通达性和网络性的加强压缩了区域之间的时空距离,有助于区域之间资源和要素的流动,以及运输成本的降低,从而促进区域经济的增长和居民收入水平的提高。尤其是对经济欠发达收入主要来自农业生产的农村地区,改善交通基础设施水平能够降低运输成本进而促使农产品向外运输,方便劳动力向收入更高的区域流动,这无疑有助于增加农民收入、缩小城乡和区域之间的收入差距。然而,交通基础设施也可能会扩大收入不平等。一方面,一些政府由于绩效的考核,在进行交通基础设施的投入时,为了更好、更快地得到经济效益而倾向于城镇交通基础设施的投入而忽略了农村交通基础设施的投入;另一方面,农村交通基础设施的投入能够促进农村劳动力要素的流动,要素的流动能够促进农村经济的发展,但当农村劳动力流向经济发达地区超过一定的界限时,城乡收入差距会呈现反向扩大的趋势。因此,西部地区农村交通基础设施对收入不平等效应的强度和作用方向需要得到实证方面的支持。

综上所述,国外对交通基础设施与经济增长的关系的研究存在大量的文献,较少涉及其与居民收入之间的关系;国内有一些文献研究交通基础设施对居民收入的影响,但主要是通过东部、中部、西部地区或跨区域进行对比分析,鲜有研究探讨西部地区农村交通基础设施的农民收入效应。鉴于此,本章拟以西部12 省(区、市)2000—2014 年的数据,将交通基础设施投资作为解释变量,结合影响农民收入的其他因素构建面板数据模型,分析西部地区农村交通基础设施对收入不平等效应的影响,并在此基础上提出相应的政策参考。

7.3 计量模型的建立

7.3.1 变量的选择

本章交通基础设施的收入不平等效应是以经济增长作为其传导机制的,通过植入经济增长中介变量，并借此来探析交通基础设施的收入不平等，因此，本章拟建立 4 个模型来进行研究：一是中国西部地区交通基础设施的收入不平等效应传导机制——经济增长的影响检验及其滞后模型；二是中国西部地区交通基础设施收入不平等效应检验及其滞后模型。基于上述研究，选择第一产业就业人数(Em)、道路桥梁建设投入(Tr)、农村公路年末里程(Gl)、水库总库容量(Ca)、农作物总播种面积(Cr)、农业机械总动力(Po)、化肥施用量(Fe)、有效灌溉面积(Ir)、受灾面积(Da)等作为解释变量，在交通基础设施的收入不平等效应传导机制模型中把农民人均纯收入(Vpi)作为被解释变量，在西部地区交通基础设施的收入不平等效应模型中把城乡总收入相对不平等系数(Cj)作为被解释变量。

对于研究交通基础设施对农村经济增长的效应，本章以内生经济增长理论为依据，采用经拓展的柯布—道格拉斯生产函数，建立多对数计量模型，并进行实证分析。为了单独研究农村交通基础设施投资对农民收入的影响，在资本投入方面，本章将交通基础设施的资本投入从总资本投入中分离出来，作为单独的解释变量进行分析。

(1)劳动力。本章考察的是西部地区农村，本应选取农村劳动力的人数作为解释变量，但得到的数据不齐全，因此选用第一产业就业人数作为替代。

(2)资本。资本主要包括交通基础设施投入和土地两个方面。考虑到数据一致性和准确性问题，本章选择农村道路桥梁建设投入和农村公路年末里程两个变量来表征交通基础设施投入。农村公路年末里程是由农村总的公路里程扣除高速公路长度得到的。土地是农业发展的一个重要因素。土地是农产品生产的母体，直接参与农产品的生产过程，本章中用农作物总播种面积来表示土地，这样更能体现出在不同时间和不同地区对农业生产的土地投入规模。

(3)技术进步。技术进步主要表现为技术创新和人力资本提高两个方面。其中，人力资本用受教育年限来表示，但由于农村的数据的可得性限制，因此忽略人力资本因素。因此，本章用水库总库容量、农业机械总动力、化肥施用量、有效灌溉面积来反映技术进步对农民收入的影响。

(4)自然灾害。自然灾害也是影响农民当年收入的因素之一，且需要用量化的指标表示，因此，选用受灾面积来反映自然灾害对农民收入的影响。

(5)农民收入。本章选用农民人均纯收入来表示农民收入情况。

对于被解释变量的选取，借鉴城乡总收入相对不平等系数这一指标来进行测度，计算公式为

$$G = \frac{I_u - I_r}{\sqrt{I_u I_r}} \qquad (7.1)$$

式中，I_u 表示城镇居民人均总收入；I_r 表示农民人均总收入。

7.3.2　数据来源

选择农民人均纯收入来反映农民的收入情况，农村道路桥梁建设投入和农村公路年末里程来反映农村交通基础设施投入情况，这 3 项指标的数据均来源于 2000—2014 年各年份《中国农村统计年鉴》。但是农村道路桥梁建设投入和农村公路年末里程两项指标由于统计年鉴在2006年才分农村和城镇进行统计，因此只能获得 2006—2014 年的数据；其他变量的数据均来源于 2000~2014 年各年份的《中国统计年鉴》、地方统计局的统计年鉴和 EPS 数据库。为增加数据的平稳性和提高参数估计的有效性，在模型估计中，对所有原始数据进行对数处理。

7.3.3　模型的设定

1. 交通基础设施收入不平等效应传导机制模型

1) 单位根检验

在进行模型建立的过程中，需要检查数据的平稳性，且单位根检验可以消除模型的伪回归。原始数据来自 EPS 数据库，把数据导入 Eviews 中对各变量分别进行单位根检验，结果见表 7.1。

表 7.1　各变量的单位根检验

变量名称	变量的含义	ADF-Fisher Chi-square	ADF 的概率值 P	一阶差分 ADF 值	一阶差分 ADF 的概率值 P
$\ln Vpi$	农民人均纯收入对数	36.1449	0.0531	67.3735	0.0000
$\ln Em$	第一产业就业人数对数	15.2923	0.9119	92.9347	0.0000
$\ln Po$	农业机械总动力对数	37.8295	0.0361		
$\ln Ir$	有效灌溉面积对数	7.71872	0.9993	94.8892	0.0000
$\ln Fe$	化肥施用量对数	18.9104	0.7568	77.2112	0.0000
$\ln Ca$	水库总库容量对数	22.0557	0.5759	109.8440	0.0000
$\ln Cr$	农作物总播种面积对数	18.2050	0.7930	68.7324	0.0000
$\ln Da$	受灾面积对数	63.7509	0.0000		
$\ln Tr$	道路桥梁建设投入对数	34.9529	0.0392		
$\ln Gl$	公路线路年末里程对数	35.8072	0.0573	47.8128	0.0027

依据表 7.1 可以发现，农民人均纯收入、第一产业就业人数、有效灌溉面积、化肥施用量、水库总库容量、农作物总播种面积、公路线路年末里程等变量为一阶单整变量；农业机械总动力、受灾面积、道路桥梁建设投入等变量为零阶单整

变量。介于时期较短，不做协整检验。

2）Hausman 检验

原始数据来自 EPS 数据库，把式（7.2）中变量的数据导入 Eviews 中进行 Hausman 检验，通过进行 Hausman 检验，可以确定交通基础设施的收入不平等效应传导机制检验是选择个体固定模型，还是选择随机效应模型，结果见表 7.2。

表 7.2　交通基础设施收入不平等效应传导机制的 Hausman 检验

相关的随机效应——Hausman 检验			
面板数据：MB			
截面随机效应检验			
测试总结	Chi-Sq. Statistic	Chi-Sq. d.f.	Prob.
随机截面	113.8080	9	0.0000

依据表 7.2 可知，在 Hausman 检验中，概率值 P 小于 5%，则拒绝原假设，建立个体固定效应回归模型：

$$\ln Vpi_{it} = \alpha_t + \beta_1 \ln Em_{it} + \beta_2 \ln Po_{it} + \beta_3 \ln Ir_{it} + \beta_4 \ln Fe_{it} + \beta_5 \ln Ca_{it} \\ + \beta_6 \ln Cr_{it} + \beta_7 \ln Da_{it} + \beta_8 \ln Tr_{it} + \beta_9 \ln Gl_{it} + \varepsilon_{it}$$
(7.2)

其中，ε_{it} 为残差项，$i = 1, 2, \cdots, n$ 表示选取的样本个体，$t = 1, 2, \cdots, T$ 代表选择的时间区间。

从回归估计的结果看，模型的拟合优度较好。可决系数 $R^2 = 0.9720$，表明农民人均纯收入变化的 97.2%可由第一产业就业人数、农业机械总动力、有效灌溉面积、化肥施用量、水库总库容量、农作物总播种面积、受灾面积、道路桥梁建设投入、公路线路年末里程等回归部分解释，即方程显著。从斜率项的 t 检验值看，因为 t 分布表没有自由度的临界值，因此从它的概率值看，第一产业就业人员数、有效灌溉面积、化肥施用量、水库总库容量、农作物总播种面积、受灾面积的概率值大于 5%，因此，这些变量没有通过 t 检验，且其中第一产业就业人数、有效灌溉面积等变量的经济意义也不合理，故认为解释变量间存在多重共线性，要用逐步回归法确定最终模型。

3）逐步回归法

首先，分别作 $\ln Vpi$ 与 $\ln Em$、$\ln Po$、$\ln Ir$、$\ln Fe$、$\ln Ca$、$\ln Cr$、$\ln Da$、$\ln Tr$、$\ln Gl$ 间的回归，得出的结果见表 7.3。

表 7.3　各变量的可调整的可决系数

变量	第一产业就业人数	农业机械总动力	有效灌溉面积	化肥施用量	水库总库容量	农作物总播种面积	受灾面积	道路桥梁建设投入	公路线路年末里程
$\bar{R}^2$	0.2282	0.9020	0.4320	0.7908	0.5825	0.3704	0.0992	0.5465	0.7703

由表 7.3 可以发现，农业机械总动力对农民人均纯收入的影响最大，且经济意义符合，因此选择农业机械总动力与农民人均纯收入作为初始的回归模型，而且因为农业机械总动力与第一产业就业人数的相关性较高，因此去掉第一产业就业人数变量，然后进行逐步回归，见表 7.4。

表 7.4 交通基础设施收入不平等传导机制的逐步回归

检验值	C	$\ln Po$	$\ln Gl$	$\ln Fe$	$\ln Ir$	$\ln Ca$	$\ln Cr$	$\ln Da$	$\ln Tr$	$\bar{R}^2$
$\ln Vpi = f(Po)$	−2.6073	1.5123								0.9020
t 值	−9.5531	39.1202								
$\ln Vpi = f(Po, Gl)$	−10.1491	1.5539	0.6291							0.9342
t 值	−8.3652	15.4236	4.0943							
$\ln Vpi = f(Po, Gl, Fe)$	−11.6328	1.0714	0.7946	0.7047						0.9440
t 值	−9.9018	7.2118	5.3962	4.1691						
$\ln Vpi = f(Po, Gl, Fe, Tr)$	−10.5810	1.1589	0.8284	0.6627	−0.2726					0.9470
t 值	−8.6858	7.7975	5.7564	4.0085	−2.4971					
$\ln Vpi = f(Po, Gl, Fe, Ca)$	−11.6347	1.0532	0.7981	0.7167		0.0088				0.9434
t 值	−9.8520	6.0773	5.3572	3.9915		0.2072				
$\ln Vpi = f(Po, Gl, Fe, Cr)$	−12.2442	1.0562	0.8038	0.6863			0.0870			0.9434
t 值	−4.9020	6.6446	5.3002	3.7638			0.2778			
$\ln Vpi = f(Po, Gl, Fe, Da)$	−9.7308	1.0608	0.6611	0.6740				−0.0251		0.9541
t 值	−8.5383	7.5740	4.9014	4.1045				−1.1523		
$\ln Vpi = f(Po, Gl, Fe, Tr)$	−11.7686	1.0270	0.7876	0.6729					0.0306	0.9431
t 值	−9.1078	6.3240	5.1184	3.7720					1.6922	

讨论：

第一步，在初始模型中加入公路线路年末里程变量(Gl)，模型的拟合优度提高，参数符号合理，变量通过 t 检验；第二步，引入化肥施用量变量(Fe)，模型的拟合优度提高，参数符号合理，变量通过 t 检验；第三步，引入有效灌溉面积变量(Ir)，模型的拟合优度提高，但参数符号不合理，变量未通过 t 检验；第四步，去掉有效灌溉面积变量(Ir)，引入水库总库容量变量(Ca)，模型的拟合优度略有下降，变量未通过 t 检验；第五步，去水库总库容量变量(Ca)，引入农作物总播种面积变量(Cr)，模型的拟合优度略有下降，变量未通过 t 检验；第六步，去掉农作物总播种面积变量(Cr)，引入受灾面积变量(Da)，模型的拟合优度提高，但变量未通过 t 检验；第七步，去掉受灾面积变量(Da)，引入道路桥梁建设投入变量(Tr)，模型的拟合优度略有下降，变量未通过 t 检验。因此，最终的农民人均纯收入函数应以 $\ln Vpi = f(Po,\ Gl,\ Fe)$ 为最优，所以最终的回归模型为

$$\ln(Vpi_{it}) = \alpha_t + \beta_1 \ln Po_{it} + \beta_2 \ln Gl_{it} + \beta_3 \ln Fe_{it} + \varepsilon_{it} \tag{7.3}$$

主要变量的统计性描述见表 7.5。

表 7.5 主要变量的统计性描述

变量名称	变量的含义	观测值	平均值	标准差	最小值	最大值
$\ln Vpi$	农民人均纯收入对数	108	8.4021	0.3971	7.5932	9.1995
$\ln Po$	农业机械总动力对数	108	7.2703	0.7308	5.6353	8.3333
$\ln Gl$	公路年末里程对数	108	11.5299	0.6462	9.7631	12.5617
$\ln Fe$	化肥施用量对数	108	4.3760	1.2550	1.4816	5.5556

因为交通基础设施发挥作用有 3～5 年的滞后期，而农村公路等级较低，因此将公路线路年末里程变量滞后 1 年，其公式为

$$\ln Vpi_{it} = \alpha_t + \beta_1 \ln Po_{it} + \beta_2 \ln Gl_{i(t-1)} + \beta_3 \ln Fe_{it} + \varepsilon_{it} \tag{7.4}$$

2. 交通基础设施收入不平等效应模型

1) 单位根检验

由于对中国西部地区农村交通基础设施的收入不平等效应进行研究的模型的自变量与研究中国西部地区农村交通基础设施的收入不平等效应传导机制——经济增长的影响的模型的自变量相同，因此，不再对自变量做单位根检验，只需对因变量做单位根检验。在 Eviews 中进行单位根检验，其结果如下：ADF 检验中，概率值 P 为 0.7955，大于 5%，则表示接受原假设，该序列存在单位根。因此，对该序列进行一阶差分，得出的结果如下：在 ADF 检验中，概率值 P 小于 5%，则表示拒绝原假设，该序列不存在单位根。综上所述，城乡总收入相对不平等系数为一阶单整变量。

2) Hausman 检验

原始数据来自 EPS 数据库，把式(7.5)中变量的数据导入 Eviews 中进行 Hausman 检验，通过进行 Hausman 检验，可以确定交通基础设施的收入不平等效应检验模型是选择个体固定模型，还是选择随机效应模型，结果见表 7.6。

表 7.6　交通基础设施收入不平等效应的 Hausman 检验

相关随机效应——Hausman 检验			
截面数据: MB			
截面随机效应检验			
测试总结	Chi-Sq. Statistic	Chi-Sq. d.f.	Prob.
随机截面	44.9276	9	0.0000

由表 7.6 可知，在 Hausman 检验中，概率值 P 小于 5%，则拒绝原假设，建立个体固定效应回归模型：

$$\ln Cj_{it} = \alpha_l + \beta_1 \ln Em_{it} + \beta_2 \ln Po_{it} + \beta_3 \ln Ir_{it} + \beta_4 \ln Fe_{it} + \beta_5 \ln Ca_{it} + \beta_6 \ln Cr_{it} + \beta_7 \ln Da_{it} + \beta_8 \ln Tr_{it} + \beta_9 \ln Gl_{it} + \varepsilon_{it} \tag{7.5}$$

从回归估计的结果看，模型的拟合优度较好。可决系数 $R^2=0.9603$，表明城乡总收入相对不平等系数 96.03%可由第一产业就业人数、农业机械总动力、有效灌溉面积、化肥施用量、水库总库容量、农作物总播种面积、受灾面积、道路桥梁建设投入、公路线路年末里程等回归部分解释，即方程显著。从斜率项的 t 检验值看，因为 t 分布表没有自由度的临界值，因此从它的概率值看，第一产业就业人数、农业机械总动力、有效灌溉面积、化肥施用量、水库总库容量、受灾面积、道路桥梁建设投入、公路线路年末里程的概率值大于 10%，因此，这些变量没有通过 t 检验，且其中第一产业就业人数、有效灌溉面积、道路桥梁建设投入等变量的经济意义也不合理，故认为解释变量间存在多重共线性，因此，要用逐步回归法确定最终模型。

3）逐步回归法

首先，分别作 $\ln Cj$ 与 $\ln Em$、$\ln Po$、$\ln Ir$、$\ln Fe$、$\ln Ca$、$\ln Cr$、$\ln Da$、$\ln Tr$、$\ln Gl$ 间的回归，得出的结果如下：第一产业就业人数在回归估计中的 t 值为 1.467，其概率值 P 为 0.1362，大于 5%，没有通过检验，所以去掉第一产业就业人数变量；受灾面积在回归估计中的 t 值为 1.498，其概率值 P 为 0.136，大于 5%，因此去掉受灾面积变量；农业机械总动力在回归估计中的概率值 P 大于 5%，没有通过检验，所以去掉农业机械总动力变量。

表 7.7　各变量的可调整的可决系数

变量	有效灌溉面积对数($\ln Ir$)	化肥施用量对数($\ln Fe$)	水库总库容量对数($\ln Ca$)	农作物总播种面积对数($\ln Cr$)	道路桥梁建设投入对数($\ln Tr$)	公路线路年末里程对数($\ln Gl$)
$\bar{R}^2$	0.5984	0.6258	0.6109	0.5900	0.6718	0.7403

由表 7.7 可知，公路线路年末里程对城乡总收入相对不平等系数的影响最大，且与经验相符合，因此选择公路线路年末里程与城乡总收入相对不平等系数作为

初始的回归模型，然后进行逐步回归，结果见表 7.8。

表 7.8 交通基础设施收入不平等效应的逐步回归

检验值	C	$\ln Gl$	$\ln Ir$	$\ln Fe$	$\ln Ca$	$\ln Cr$	$\ln Tr$	$\overline{R}^2$
$\ln Cj=f(Gl)$	5.4490	-0.4485						0.7403
t 值	9.2471	-8.7768						
$\ln Cj=f(Gl, Ir)$	5.3886	-0.4626	0.0321					0.7380
t 值	8.8626	-7.6149	0.4333					
$\ln Cj=f(Gl, Fe)$	4.6372	-0.2799		-0.2586				0.7730
t 值	7.8558	-4.3101		-3.831				
$\ln Cj=f(Gl, Fe, Ca)$	3.8907	-0.1978		-0.2229	-0.0751			0.7963
t 值	6.4858	-2.9973		-3.4407	-3.4329			
$\ln Cj=f(Gl, Fe, Ca, Cr)$	3.5590	-0.1959		-0.2397	-0.0778	0.0494		0.7942
t 值	2.4370	-2.9310		-2.5560	-3.1737	0.2494		
$\ln Cj=f(Gl, Fe, Ca, Tr)$	3.8625	-0.1816		-0.2513	-0.0821		0.0075	0.7999
t 值	5.4550	-2.4030		-3.6324	-3.3929		0.6978	

讨论：

第一步，在初始模型中加入有效灌溉面积变量，模型的拟合优度略有下降，参数符号与经济意义不符，且变量未通过 t 检验；第二步，去掉有效灌溉面积变量，引入化肥施用量变量，模型的拟合优度提高，参数符号合理，变量通过 t 检验；第三步，引入水库总库容量变量，模型的拟合优度提高，参数符号合理，变量通过 t 检验；第四步，引入农作物总播种面积变量，模型的拟合优度略有下降，但参数符号不合理，变量未通过 t 检验；第五步，去掉农作物总播种面积变量，引入道路桥梁建设投入变量，模型的拟合优度提高，但变量未通过 t 检验。因此，最终的收入不平等函数应以 $\ln Cj = f(Gl, Fe, Ca)$ 为最优。

$$\ln Cj_{it} = \alpha_t + \beta_1 \ln Gl_{it} + \beta_2 \ln Fe_{it} + \beta_3 \ln Ca_{it} + \varepsilon_{it} \tag{7.6}$$

主要变量的描述性统计见表 7.9。

表 7.9 主要变量的描述性统计

变量名称	变量的含义	观测值	平均值	标准差	最小值	最大值
$\ln Cj$	城乡总收入相对不平等系数对数	108	0.2774	0.1258	-0.0726	0.5188
$\ln Gl$	公路线路年末里程对数	108	11.5299	0.6462	9.7631	12.5617
$\ln Fe$	化肥施用量对数	108	4.3760	1.2550	1.4816	5.5556
$\ln Ca$	水库总库容量对数	108	4.7530	0.9909	2.4510	6.5135

一般地,交通基础设施发挥作用有 3~5 年的滞后期,然而农村公路等级较低,完成的时间较短,因此将农村公路年末里程变量滞后 1 年,其公式为

$$\ln Cj_{it} = \alpha_t + \beta_1 \ln Gl_{i(t-1)} + \beta_2 \ln Fe_{it} + \beta_3 \ln Ca_{it} + \varepsilon_{it} \tag{7.7}$$

7.4　实证结果分析

本节主要是对交通基础设施收入不平等效应传导机制检验模型、交通基础设施的收入不平等效应模型及其滞后模型的实证结果进行分析。实证结果分析主要是从两个模型分别与其滞后模型相对比,从整个方程和各个变量的影响程度两个方面进行分析。

7.4.1　交通基础设施收入不平等效应传导机制的实证结果分析

式(7.3)和式(7.4)分别为交通基础设施收入不平等效应传导机制模型和公路线路年末里程滞后 1 年的时间滞后模型,原始数据来自 EPS 数据库,在 Eviews中取对数,然后进行回归估计,实证结果见表 7.10 和表 7.11。

表 7.10　交通基础设施收入不平等效应传导机制实证结果

省(区、市)	α_t		β_1		β_2		β_3		R^2	F 值
	参数	t 值	参数	t 值	参数	t 值	参数	t 值		
四川	−13.756	−9.902	1.071	7.218	0.795	5.396	0.705	4.169	0.951	129.834
陕西	−12.849	−9.902	1.071	7.218	0.795	5.396	0.705	4.169	0.951	129.834
云南	−12.704	−9.902	1.071	7.218	0.795	5.396	0.705	4.169	0.951	129.834
广西	−12.938	−9.902	1.071	7.218	0.795	5.396	0.705	4.169	0.951	129.834
甘肃	−12.334	−9.902	1.071	7.218	0.795	5.396	0.705	4.169	0.951	129.834
贵州	−12.401	−9.902	1.071	7.218	0.795	5.396	0.705	4.169	0.951	129.834
重庆	−11.217	−9.902	1.071	7.218	0.795	5.396	0.705	4.169	0.951	129.834
内蒙古	−12.923	−9.902	1.071	7.218	0.795	5.396	0.705	4.169	0.951	129.834
新疆	−12.52	−9.902	1.071	7.218	0.795	5.396	0.705	4.169	0.951	129.834
宁夏	9.006	9.902	1.071	7.218	0.795	5.396	0.705	4.169	0.951	129.834
青海	−8.336	−9.902	1.071	7.218	0.795	5.396	0.705	4.169	0.951	129.834
西藏	−7.888	−9.902	1.071	7.218	0.795	5.396	0.705	4.169	0.951	129.834

表 7.11 滞后模型的回归估计结果

| 省(区、市) | α_i | | β_1 | | β_2 | | β_3 | | R^2 | F 值 |
	参数	t 值	参数	t 值	参数	t 值	参数	t 值		
四川	−13.905	−9.27	1.054	6.118	0.798	4.931	0.757	3.886	0.945	99.146
陕西	−13.008	−9.27	1.054	6.118	0.798	4.931	0.757	3.886	0.945	99.146
云南	−13.588	−9.27	1.054	6.118	0.798	4.931	0.757	3.886	0.945	99.146
广西	−13.105	−9.27	1.054	6.118	0.798	4.931	0.757	3.886	0.945	99.146
甘肃	−12.452	−9.27	1.054	6.118	0.798	4.931	0.757	3.886	0.945	99.146
贵州	−12.517	−9.27	1.054	6.118	0.798	4.931	0.757	3.886	0.945	99.146
重庆	−11.33	−9.27	1.054	6.118	0.798	4.931	0.757	3.886	0.945	99.146
内蒙古	−13.097	−9.27	1.054	6.118	0.798	4.931	0.757	3.886	0.945	99.146
新疆	−12.702	−9.27	1.054	6.118	0.798	4.931	0.757	3.886	0.945	99.146
宁夏	−9.062	−9.27	1.054	6.118	0.798	4.931	0.757	3.886	0.945	99.146
青海	−8.338	−9.27	1.054	6.118	0.798	4.931	0.757	3.886	0.945	99.146
西藏	−7.868	−9.27	1.054	6.118	0.798	4.931	0.757	3.886	0.945	99.146

从回归结果看，两个模型的拟合优度都较好。交通基础设施收入不平等效应传导机制原模型的可决系数 $R^2 = 0.951$，公路线路年末里程滞后 1 年的时间滞后模型的可决系数 $R^2 = 0.945$，交通基础设施变量滞后 1 年后方程的显著程度略有下降。但从变量的系数看，公路线路年末里程滞后 1 年后，其对农民人均纯收入的影响程度略有提高，表明交通基础设施对经济增长发挥作用存在滞后性。

两个模型中公路线路年末里程对农民人均纯收入的效应都在 79% 以上，表明交通基础设施投入对农民人均纯收入具有正向效应，而增加农民人均纯收入主要可能是以下两个方面的原因：一方面是农村交通基础设施建设需要大量低技能的劳动力，这就给农村劳动力创造了更多的非农就业机会，而且农村交通基础设施给农村劳动力创造了去大城市从事报酬更高的工作的机会，都有利于增加农民的收入；另一方面是农村交通基础设施建设有利于降低运输成本及农业生产成本。此外，农业机械总动力、化肥施用量对农民人均纯收入也具有促进作用，因此，为了促进西部地区农村经济的发展，要重视交通基础设施对西部农村地区的作用，要增加对西部地区交通基础设施的投入。同时，也要注意对西部地区农村技术研发的投入，通过促进农业科学技术的发展来增加农民的收入。

7.4.2 交通基础设施收入不平等效应的实证结果分析

式 (7.6) 和式 (7.7) 分别表示交通基础设施收入不平等效应模型和公路线路年

末里程变量滞后 1 年的时间滞后模型，表 7.12 和表 7.13 为对应的回归估计结果。

表 7.12　交通基础设施收入不平等效应的回归估计结果

省(区、市)	α_i		β_1		β_2		β_3		R^2	F 值
	参数	t 值	参数	t 值	参数	t 值	参数	t 值		
四川	4.212	6.486	-0.198	-2.997	-0.223	-3.441	-0.075	-3.433	0.823	30.881
陕西	4.155	6.486	-0.198	-2.997	-0.223	-3.441	-0.075	-3.433	0.823	30.881
云南	4.373	6.486	-0.198	-2.997	-0.223	-3.441	-0.075	-3.433	0.823	30.881
广西	4.228	6.486	-0.198	-2.997	-0.223	-3.441	-0.075	-3.433	0.823	30.881
甘肃	4.032	6.486	-0.198	-2.997	-0.223	-3.441	-0.075	-3.433	0.823	30.881
贵州	4.18	6.486	-0.198	-2.997	-0.223	-3.441	-0.075	-3.433	0.823	30.881
重庆	3.837	6.486	-0.198	-2.997	-0.223	-3.441	-0.075	-3.433	0.823	30.881
内蒙古	4.039	6.486	-0.198	-2.997	-0.223	-3.441	-0.075	-3.433	0.823	30.881
新疆	4.002	6.486	-0.198	-2.997	-0.223	-3.441	-0.075	-3.433	0.823	30.881
宁夏	3.238	6.486	-0.198	-2.997	-0.223	-3.441	-0.075	-3.433	0.823	30.881
青海	3.381	6.486	-0.198	-2.997	-0.223	-3.441	-0.075	-3.433	0.823	30.881
西藏	3.01	6.486	-0.198	-2.997	-0.223	-3.441	-0.075	-3.433	0.823	30.881

表 7.13　滞后模型的回归估计结果对比

省(区、市)	α_i		β_1		β_2		β_3		R^2	F 值
	参数	t 值	参数	t 值	参数	t 值	参数	t 值		
四川	5.099	7.484	-0.260	-3.780	-0.247	-3.352	-0.073	-3.154	0.838	29.904
陕西	5.004	7.484	-0.260	-3.780	-0.247	-3.352	-0.073	-3.154	0.838	29.904
云南	5.251	7.484	-0.260	-3.780	-0.247	-3.352	-0.073	-3.154	0.838	29.904
广西	5.065	7.484	-0.260	-3.780	-0.247	-3.352	-0.073	-3.154	0.838	29.904
甘肃	4.851	7.484	-0.260	-3.780	-0.247	-3.352	-0.073	-3.154	0.838	29.904
贵州	5.014	7.484	-0.260	-3.780	-0.247	-3.352	-0.073	-3.154	0.838	29.904
重庆	4.641	7.484	-0.260	-3.780	-0.247	-3.352	-0.073	-3.154	0.838	29.904
内蒙古	4.900	7.484	-0.260	-3.780	-0.247	-3.352	-0.073	-3.154	0.838	29.904
新疆	4.862	7.484	-0.260	-3.780	-0.247	-3.352	-0.073	-3.154	0.838	29.904
宁夏	3.934	7.484	-0.260	-3.780	-0.247	-3.352	-0.073	-3.154	0.838	29.904
青海	4.100	7.484	-0.260	-3.780	-0.247	-3.352	-0.073	-3.154	0.838	29.904
西藏	3.720	7.484	-0.260	-3.780	-0.247	-3.352	-0.073	-3.154	0.838	29.904

由表 7.12 和表 7.13 的回归估计结果可以发现, 交通基础设施收入不平等效应

基本模型的可决系数 R^2=0.823，公路线路年末里程变量滞后 1 年的时间滞后模型的可决系数 R^2=0.838，表明交通基础设施变量滞后 1 年后，方程的显著程度略有升高；从变量的系数看，公路线路年末里程滞后 1 年后，其对城乡总收入不平等系数的影响程度从 0.20 上升到 0.26，表明交通基础设施在缩小差距的过程中发挥作用具有滞后性。

交通基础设施对城乡总收入不平等系数的最大效应为 26%，表明交通基础设施投入是有助于缩小城乡收入差距的，且城乡收入差距的缩小很大程度上正是由于交通基础设施为农民创造了更多的就业机会，降低了农业生产成本，增加了农民收入。另外，除交通基础设施投入外，化肥施用量和水库总库容量对缩小城乡收入差距有明显的促进作用，因此，为了缩小差距，不仅要关注农村交通基础设施的投入，而且对农业其他基础设施建设也应增加投入。

公路线路年末里程对农民人均纯收入的最大效应为79.8%，而公路线路年末里程对城乡总收入不平等系数的最大效应却仅为 26%，可能的原因是，虽然现今政府重点关注西部地区发展不平衡问题，加大对西部地区农村的投资力度，但是长久以来西部地区农村经济要落后于城市，而且西部地区农村在发展的同时，西部地区城市也在发展，因此虽然交通基础设施对西部地区农村经济促进作用较大，但是对于缩小城乡收入差距的作用较小。

7.5　结论及政策含义

本章主要是根据实证结果分析得出结论，并在此基础上提出一些相关的建议，希望能够为政府缩小收入差距提供参考；最后提出研究的不足，以期改进。

(1)结论。本章使用 2000—2014 年西部 12 省(区、市)的面板数据主要构建两个基本计量模型：一是构建中国西部地区交通基础设施收入不平等效应传导机制——经济增长的影响检验模型；二是中国西部地区交通基础设施收入不平等效应实证检验模型，且在两个模型中的公路线路年末里程变量滞后一期形成新的模型并与之对比。在中国西部地区交通基础设施收入不平等效应传导机制——交通基础设施对经济增长影响的检验模型及相关滞后模型中，已证实交通基础设施对农民人均纯收入具有正向效应且交通基础设施对经济增长的影响存在滞后性，此外，农业机械总动力和化肥施用量对农民人均纯收入也具有促进作用。中国西部地区交通基础设施收入不平等效应实证检验模型及其滞后模型，证明交通基础设施投入有助于缩小城乡收入差距，且交通基础设施在缩小收入差距的过程中发挥作用具有滞后性。另外，化肥施用量和水库总库容量对缩小城乡收入差距有明显的促进作用。

(2)政策含义及不足。基于以上结论，政策含义如下：首先，交通基础设施对农民人均纯收入和城乡收入不平等系数有正向效应，因此，西部各省(区、市)加大农村交通基础设施的投入力度，扩大建设规模有助于缩小城乡收入差距；其次，西部各地区的地形、经济发展水平和风俗都有所不同，政府应该因地制宜，选择最适合的交通基础设施投资规模；最后，除交通基础设施投入外，化肥施用量和水库总库容量对缩小城乡收入差距有明显的促进作用，因此，为了缩小差距，不仅要关注农村交通基础设施的投入，而且还应适度增加对农业其他基础设施和农业技术研发等的投入。

第8章 农村交通基础设施建设的农民增收效应检验

本章以 2006—2014 年中国西部 11 省(区、市)汇总的乡镇层面面板数据为例,来考察农村交通基础设施的存量(有效路网密度)和流量(投资)对农民收入的共同影响,并从作为农民收入主要构成的工资性收入和家庭经营纯收入两个角度探析农村交通基础设施影响农民收入的主要机制。结果显示,交通基础设施存量对农民人均纯收入及其两大主要构成均具有一定的显著促进作用,但流量层面对农民收入总体的影响则不具显著性。分省考察时发现,交通基础设施的农民收入增收效应具有异质性,即由于各地区在自身发展条件等方面的差异,从而导致不同地区交通基础设施的收入效应各不相同。此外,流量的作用相对存量而言依然较弱,且异质性更为明显。分省异质性的存在表明,西部地区各省(区、市)的发展差异不可忽视,借助发展农村交通基础来推进西部地区农民增收的路径也应该因地制宜(任晓红等,2018c)。

8.1 引言及文献综述

新中国成立到 2000 年之间,偕同我国先后实施的城乡和区域间的非平衡发展战略的推进,中国城乡和区域之间的交通等基础设施建设长期呈现非均衡增长格局,广大农村地区,尤其是西部地区农村明显表现出交通基础设施投资不足、基础设施水平落后的状态,这在很大程度上制约了城乡和地区之间要素的平等交换和公共资源的均衡配置,加剧了城乡与地区之间的收入差距。随着农村劳动力大量流出,农业空心化(农村空巢化)问题日益严峻。亟待解决的城乡失衡和农村贫困等问题均绕不开农民增收问题。自 2004 年以来,国家已连续 15 年发布以"三农"为主题的中央一号文件,其核心在于持续提高农民收入,以此缩小城乡和地区间的收入差距,进而留住和吸引适度数量的农村急需人才回流农村。鉴于交通基础设施投资能显著减少贫困(康继军等,2014),在长、短期均能促进农民增收(谢里等,2012),道路设施是除教育基础设施外能促进农村经济发展的最大动力(鞠晴江和庞敏,2005),因而,从交通基础设施视角可能找到农民增收的突破点,着实回答中国现阶段谁来种地等一系列问题。2016年，交通运输部提出结合贫困地区交通运输发展的实际需要，进一步加强这些地区交通基础设施建设的《"十三五"交通扶贫规划》。准确地分析与把握贫困地区交通基础设施收入效应状况及其作用机制，无疑有助于交通扶贫规划的有效实施。

国内外学者对农村交通基础设施的收入效应问题做了较为广泛的探析。从总体上看，现有研究大多主张改善中国农村道路基础设施对农民增收具有显著的正向促进作用(刘生龙和周绍杰，2011)，对消除农村贫困非常有效(Fan et al.，2002)，尤其对贫困人口较多的西部地区，交通基础设施建设更加直接有效(张芬，2007)。交通基础设施投资在较短时间内能对农村经济增长产生直接的经济效应，促进农民增收，而交通基础设施投资所带来的农村交通设施条件的不断改善，会使农民收入长期稳定增加(谢里等，2012)。

从影响机制上看，交通基础设施在宏观层面上通过就业效应及公共支出的不同构成、微观层面上通过价格及供给策略等影响贫困地区基础设施的获取机会来影响收入效应(Chisari et al.，1999；Estache et al.，2000)。具体表现为，交通基础设施通过帮助贫困人口获取额外生产性机会(Estache，2003)，降低生产和交易成本(任晓红和张宗益，2013；吴清华，2014)，提升贫困地区物品价值(Jacoby，2000)，改善非农就业机会(刘晓光等，2015；邓蒙芝等，2011)，以及提高农村工资(Fan and Zhang，2004)等直接提升贫困地区的收入；或者通过改善贫困地区的教育和健康状况来提高就业机会和收入前景(Leipziger et al.，2003)，以及通过交通基础设施拉动经济增长而产生的"涓滴效应"等间接增加贫困人口的收入(康继军等，2014)。

从影响强度和作用方向上看，由于中国的经济集聚对交通基础设施存在显著的空间依赖性(宋英杰，2013)，中国农村基础设施投资对农民收入的弹性在区域之间存在显著差异(毛圆圆和李白，2010)，不同省份之间随着经济发展水平的提高，农村交通、信息类基础设施投资对农民工资性收入的边际作用呈现倒S形特征，并最终发散(骆永民和樊丽明，2012)。值得一提的是，中国西部地区1999—2008年交通通信基础设施投资对农民收入的增长表现出了显著的抑制性，这主要与西部地区交通通信基础设施落后有关，在实现农民增收时应先考虑交通通信设施的投资(陈银娥等，2012)。

总体而言，现有有关农村交通基础设施收入效应的研究在其作用机制、影响方向和强度等方面均进行了卓有成效的探讨，其研究思路和方法值得借鉴。然而，针对中国农村的研究也存在一定的不足。首先，大多基于省际数据或东部、中部个别地域单元来展开，尽管部分文献指出中国西部地区是很重要的研究对象，但鲜有文献以西部地区农村为例展开定量分析。介于中国地域辽阔，不同地域的地貌特征、交通及经济等发展水平具有很强的异质性，因此有必要针对西部地区更为细致的分析单元展开研究。其次，现有研究中直接采用区域行政面积测度路网密度，精度受到一定制约。再次，现有研究大多仅用存量或流量指标来测度交通基础设施的收入效应，可能导致收入效应的估算偏差(一般低估)。最后，农民工资性收入和家庭经营纯收入是中国农民收入的两大重要构成，现有研究大多未区分交通基础设施对这两种收入的不同影响。基于此，本章的新意主要体现在以下4个方面：第一，基于中国西部 12 省(区、市)2006—2014 年汇总的乡镇层面面板数据来探析农村交通基础设施的收入效应；第二，在计算路网密度时，在较大程度上剥离了中国西部部分地区因广袤的沙漠和戈壁等地貌所带来的干扰；第三，同时从交通基础设施的流量和存量两个角度来刻画其对农民收入的综合影响；第四，分析了交通基础设施对农民收入两大主要构成的作用机制。

8.2　变量选取、数据说明和模型构建

8.2.1　变量选取和数据说明

本章选取农民人均纯收入作为被解释变量。为了更准确地估计农村交通基础设施对农民收入的影响，对核心解释变量农村交通基础设施同时从流量和存量两个角度进行分析。除交通基础设施以外，农村非农产业劳动力、农业从业人员和有效灌溉面积等其他诸多因素也会影响农民收入增长。郭燕枝和刘旭(2011)通过对 24 个可能影响农民收入的因素做了 Granger 因果关系检验和协整检验。具体来说，国外相关研究中影响农民收入的因素主要是政府政策、人力资本、农业发展模式创新、自然与气候条件等；国内影响农民收入增长的主要因素包括土地制度、财政支农、人力资本和农村金融等(陈乙酉和付园元，2014)。基于本研究问题的特性，并借鉴现有研究成果，本章选取劳动力、土地要素、农业技术水平、人力资本水平和转移支付等作为控制变量来探讨西部地区农村交通基础设施对农民收入的影响。变量的具体含义如下。

1. 被解释变量

首先，选取农民人均纯收入(I)来表征农民收入的总体状况。其次，选取农民人均工资性收入(I_1)和人均家庭经营纯收入(I_2)来探析农村交通基础设施影响农民人均纯收入的主要机制。依据《中国统计年鉴》，2006—2014 年，西部 12 省(区、市)农民人均工资性收入和人均家庭经营纯收入之和在农民人均纯收入中的占比为 69.52%~96.74%，是其最主要的两大构成。

2. 核心解释变量

1) 存量

农村交通基础设施水平，采用各省(区、市)的乡镇有效路网密度(RD)为其衡

量指标。一般而言，交通基础设施是对公路、铁路、内河航道和民航等的总称，但对于中国西部地区的乡镇来说，目前交通基础设施主要是农村公路。

$$RD = \frac{road}{yxmj} \qquad\qquad (8.1)$$

式中，$road$ 表示乡镇道路长度；$yxmj$ 表示有效面积，有效面积为耕地面积和建成区面积之和。

　　对有效面积的测度，现有文献大多采用所研究区域内的行政面积来计算。国土资源部(现自然资源部)将土地分为农用地、建设用地[①]和未利用地 3 类。其中，未利用地是指农用地和建设用地以外的土地，主要包括荒草地、盐碱地、沼泽地、沙地、裸土地、裸岩等。中国西部 12 省(区、市)中不少省份在很大程度上属于典型的地广人稀区域，拥有广袤的沙漠和戈壁等地貌，如果直接用区域行政面积计算路网密度，势必会将这些广阔的无人区的面积纳入交通基础设施水平考核的范围内，导致研究精确度的欠缺。因此，本章在计算有效面积时剔除了未利用地面积。介于农用地面积统计的复杂性和数据的难以获取，加之统计部门从 2013 年才开始将建设用地面积纳入《中国城乡建设统计年鉴》中，为保持数据间的一致性，本书中有效面积最终用耕地面积与建成区面积之和近似代替，虽然这种处理方法依旧存在一定偏差，但是相较于采用未剔除未利用地面积计算的有效面积而言，测量精确度有所提高。

　　2)流量

　　农村交通基础设施投资($TRANS$)：鉴于数据统计口径问题，采用乡镇道路桥梁建设投入做其衡量指标。

　　3.控制变量

　　(1)劳动力(L)。在其他条件保持相对不变时，当从事农业活动取得的收益相对低于非农就业的收益时，劳动力宁愿选择外出就业，而且外出就业劳动力的比例越高，即从事农业生产的劳动力越少，越利于增加农民收入(王春超，2011)。理论上,应采用乡村从业人员统计口径下的农林牧渔业从业人员数作为衡量指标。鉴于目前乡镇层面数据的匮乏，而且在所选的样本区间内，从事农业活动的非农村人口相对较少，对农民收入的影响微弱，因此本章将第一产业就业人数作为其衡量指标。

[①] 建设用地面积指市行政区范围内经过征用的土地和实际建设发展起来的非农业生产建设地段，包括市区集中连片的部分及分散在近郊区与城市有着密切联系，具有基本完善的市政公用设施的城市建设用地(如机场、铁路编组站、污水处理厂、通信电台等)；耕地指种植农作物的土地，包括熟地，新开发、复垦、整埋地，休闲地(含轮歇地、轮作地)；以种植农作物(含蔬菜)为主，间有零星果树、桑树或其他树木的土地；平均每年能保证收获一季的已垦滩地和海涂。耕地中包括南方宽度小于 1.0m，北方宽度小于 2.0m 固定的沟、渠、路和地坎(埂)；临时种植药材、草皮、花卉、苗木等的耕地，以及其他临时改变用途的耕地；建成区范围，一般是指建成区外轮廓线所能包括的地区，也就是这个城市实际建设用地所达到的境界范围。(摘自《中国统计年鉴》)

(2)农业技术进步(T)。采用农业机械总动力来表示农业技术进步。农业技术进步会提高农业生产率，间接增加农民农业收入；同时技术进步又会释放大量劳动力，加上城镇化的推动作用，促进劳动力转移实现非农就业，增加了农民的非农收入(陆文聪和余新平，2013)。

(3)土地(E)。采用农作物播种面积作为其衡量指标。从生产活动开始，土地就被视为重要的生产要素和农民收入的保障。土地投入能保障农民获取一定的农业收入，但随着经济结构的转变，土地反而会束缚劳动力，阻碍其获得工资性收入，土地对农民的增收效应已不显著(骆永民和樊丽明，2015)。因此，土地对农民收入的影响有必要再做讨论。

(4)财政支农(F)。长期来看，财政支农资金对农民收入有显著的正向促进作用，特别是 2007 年以后，财政支农资金通过补贴现金等形式直接增加了农民的转移性收入(罗东和矫健，2014)。因此，本章选取财政支农变量作为又一控制变量。介于 2007 年其统计口径发生变化，统计部门将农业、林业、农林水利气象等部门事业费合在一起统称为"农林水事业"，为保持数据一致，本章采用"农林水事业"的财政支出来刻画财政支农变量。

(5)人力资本(H)。采用农村家庭劳动力的平均受教育年限来衡量。农民受教育水平是农民收入的 Granger 原因(辛岭和王艳华，2007)，因为受过良好教育的农村劳动力更容易参与非农就业，得到更高的工资性收入。

本章的相关数据依据 EPS 数据库、历年《中国统计年鉴》、《中国城乡建设统计年鉴》和《中国农村统计年鉴》整理，数据跨度为 2006—2014 年。2015 年《中国统计年鉴》中农民人均纯收入的统计口径变为人均可支配收入，从内容上看，二者的差别甚微，所以 2014 年农民人均纯收入数据用人均可支配收入近似代替。此外，《中国城乡建设统计年鉴》未对西藏地区乡镇道路和道路桥梁投入进行统计，因此，西藏的有效路网密度和交通基础设施投资数据缺失；其余缺失数据尽量通过政府报告和相关会议进行补齐。变量的描述性统计见表 8.1。

表 8.1 变量的描述性统计

变量名称	变量的含义	样本量	单位	均值	标准差	最小值	最大值
I	人均纯收入	99	元/人	4852.980	1953.057	1984.620	9976.300
I_1	人均工资性收入	99	元/人	1611.288	845.969	254.070	4089.150
I_2	人均家庭经营纯收入	99	元/人	2548.824	979.204	1112.810	5872.400
RD	有效路网密度	99	km/10^3 hm^2	15.119	7.726	3.451	33.873
$TRANS$	农村交通基础设施投资	99	万元	276651.900	340950.300	11280.000	2082980.000
L	第一产业就业人数	99	万人	930.434	614.500	115.090	2306.900

续表

变量名称	变量的含义	样本量	单位	均值	标准差	最小值	最大值
T	农业机械总动力	99	$10^4\,kW$	1911.078	961.553	335.070	4160.120
E	农作物播种面积	99	$10^3\,hm^2$	4713.741	2462.796	489.800	9682.200
F	财政支农	99	亿元	239.905	170.231	16.910	826.590
H	平均受教育年限	88	年	7.651	0.692	6.130	8.910

根据数据整理计算得出,样本期间内农民人均纯收入从 2006 年的 2575.72 元上升至 2014 年的 8134.90 元(地区间平均值),实际年均增长率达到 23.9%;其农村基础设施也有显著改善,农村乡镇公路总里程(除西藏外)从 2006 年的 69283km 到 2014 年的 85412km;2006—2014 年,西部地区农民人均纯收入对数和有效路网密度对数均具有类似的变化趋势,具体如图 8.1 所示。

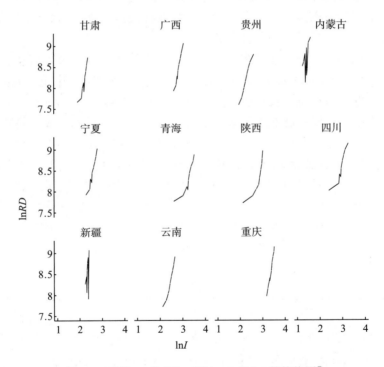

图 8.1　西部 11 省(区、市)$\ln RD$ 和 $\ln I$ 的趋势图[①]

初步推测农村交通基础设施的改善很可能对农民人均纯收入增长产生了积极的影响,但这需要通过合理的实证分析进行验证。

---

① 数据来源:相关数据依据 EPS 数据库、历年《中国统计年鉴》《中国城乡建设统计年鉴》《中国农村统计年鉴》整理,时间:2006—2014 年。

8.2.2　模型设定

为避免数据中可能的异方差和数据波动，对各变量进行对数化处理，并采用 F 检验和 Hausman 检验(H 检验)来选择合理的模型。

1. 基准模型构建

依据生产函数构建基准回归模型：

$$\ln I_{it} = \beta_0 + \beta_1 \ln RD_{it} + \beta_2 \ln TRANS_{it} + \gamma \ln X_{it} + \varepsilon_{it} + \mu_i \qquad (8.2)$$

式中，i 和 t 表示所选取样本的省份和年份；I 是被解释变量，表示农民人均纯收入；RD、$TRANS$ 是核心解释变量，表示有效路网密度和交通基础设施投资；X 是一组控制变量向量；μ_i 为省份个体效应；β_0、β_1、β_2 为待估参数；γ 是控制变量待估系数向量；ε_{it} 为残差项。

第一产业就业人数(lnL)常被相关研究作为控制变量，但在本章的样本区间内，lnL 与农作物播种面积(lnE)、农业机械总动力(lnT)之间均具有较强的相关性，而与农民人均纯收入(lnI)之间的相关性却极其微弱，为此，本章不选择 lnL 作控制变量。相关性检验结果见表 8.2。

表 8.2　变量的相关性检验结果

变量	人均纯收入	人均工资性收入	人均家庭经营纯收入	农业机械总动力	农作物播种面积	平均受教育年限	财政支农	第一产业就业人数	有效路网密度	农村交通基础设施投资
人均纯收入	1.000									
人均工资性收入	0.714	1.000								
人均家庭经营纯收入	0.852	0.265	1.000							
农业机械总动力	0.304	0.121	0.395	1.000						
农作物播种面积	0.153	-0.011	0.279	0.946	1.000					
平均受教育年限	0.384	0.232	0.399	0.722	0.693	1.000				
财政支农	0.726	0.500	0.642	0.758	0.628	0.537	1.000			
第一产业就业人数	-0.044	0.065	-0.042	0.833	0.888	0.508	0.535	1.000		
有效路网密度	0.211	0.546	-0.140	-0.388	-0.374	-0.118	-0.028	-0.129	1.000	
农村交通基础设施投资	0.492	0.529	0.308	0.613	0.588	0.426	0.763	0.635	0.259	1.000

注：相关性分析的变量取值均采用其对数值。

2. 模型检验与选择

首先，用 F 检验判断模型中是否存在固定效应，对变量初步回归后，F 检验对应的 P 值为 0，因此，应建立个体固定效应模型。其次，用 H 检验来选择是个体固定效应模型还是个体随机效应模型。H 检验对应的 P 值为 0.01，故接受个体固定效应。因此，本书最终选择个体固定效应模型。

8.3　实证结果与分析

在对模型进行回归前，理论上还应对数据进行平稳性检验以保证回归结果的有效性，而该检验使用的方法(通常是单位根检验)对大样本数据适用，如果将其用于小样本数据时，检验结果很有可能失真(许春淑和闫殊，2017)。鉴于本章数据属于短期小样本面板数据，波动性较小，因而直接做回归分析。

8.3.1　农村交通基础设施对农民人均纯收入影响的实证检验

基于上文变量间的相关情况，运用逐步回归法对式(8.2)做 FE 回归，结果见表 8.3。

表 8.3　农村交通基础设施影响农民人均纯收入的回归结果

解释变量	被解释变量：人均纯收入		
	模型(1)	模型(2)	模型(3)
农业机械总动力	0.908***	0.901***	0.884***
	(0.120)	(0.119)	(0.127)
平均受教育年限	1.022**	1.035**	0.945*
	(0.488)	(0.484)	(0.533)
财政支农	0.181***	0.167***	0.166***
	(0.039)	(0.040)	(0.040)
有效路网密度	0.227***	0.214***	0.223***
	(0.067)	(0.067)	(0.071)
农村交通基础设施投资		0.023	0.023
		(0.016)	(0.016)
农作物播种面积			0.102
			(0.245)
常数项	-1.917	-2.074	-2.616

解释变量	被解释变量：人均纯收入		
	模型(1)	模型(2)	模型(3)
	(1.253)	(1.247)	(1.809)
样本数	88	88	88
R^2	0.968	0.969	0.969

注：***、**、*表示系数在 1%、5%、10%显著性水平下显著；圆括号内的数值为对应的标准差；结果保留 3 位小数。表 8.4、表 8.5、表 8.6、表 8.7 与此相同。

模型(1)～(3)均很好地拟合了样本观测值。有效路网密度 lnRD 的回归系数在 3 个模型中均为正且在 1%显著性水平下显著，具有一定的稳健性；交通基础设施投资 ln$TRANS$ 在模型(2)、(3)中的回归系数均为正，但不具有显著性。控制变量农业机械总动力 ln$T$、平均受教育年限 ln$H$ 和财政支农 ln$F$ 在 3 个模型中的回归系数均显著为正，农作物播种面积 ln$E$ 在模型(3)中的回归系数不显著，其符号为正。为保证模型拟合具有较强解释能力，本书针对模型(3)的实证结果进行分析。

对于核心变量，农村交通基础设施存量(lnRD)对农民人均纯收入有促进作用，一个可能的解释是西部地区农村交通基础设施水平提高既方便了农民外出打工，又有助于农民从事农业生产活动，降低流动成本和生产成本，因而，在整体上有助于农民收入的增长。交通基础设施投资(流量：ln$TRANS$)对农民人均纯收入也有正向促进作用，但不具显著性，可能是当期投资规模对当期农民人均纯收入的促进作用有限，或因交通基础设施投资增收效应的时滞性所致；无论是交通基础设施存量还是流量，对西部地区农民人均纯收入的弹性都偏小；不可忽略的背景是，西部地区交通基础设施在整体上相对落后，尤其是农村地区的交通基础设施投资及其累积的存量均相对较少；而交通基础设施的收入效应具有门槛性，西部地区农村交通基础设施对农民人均纯收入具有显著的三重门槛效应(任晓红等，2018)，一个地区的交通基础设施水平只有达到一定的门槛值时方能对收入增长产生较大的影响(Baldwin et al.，2003)。

对于控制变量，代表农业技术进步的农业机械总动力、劳动力平均受教育年限(人力资本水平)的提高及财政支农(如农业基础建设、直接补贴等)对农民增收均有显著的促进作用。农作物播种面积(土地使用)对提高农民收入有正向促进作用，但不显著，这可能与土地本身的农业生产效率和现行的土地管理制度有关。

8.3.2　农村交通基础设施对农民人均纯收入的作用机制检验

将农民人均纯收入的两大主要构成——人均工资性收入(I_1)和人均家庭经营纯收入(I_2)分别作为被解释变量带入基准模型中，采用个体固定效应模型，并运用逐步回归法进行回归，结果见表 8.4。

表 8.4　农村交通基础设施对农民人均纯收入的作用机制检验结果

解释变量	被解释变量：人均工资性收入			被解释变量：人均家庭经营纯收入		
	模型(1)	模型(2)	模型(3)	模型(4)	模型(5)	模型(6)
农业机械总动力	1.318***	1.308***	1.166***	0.698***	0.691***	0.668***
	(0.175)	(0.173)	(0.177)	(0.109)	(0.108)	(0.114)
平均受教育年限	3.482***	3.501***	2.764***	0.058	0.073	−0.043
	(0.713)	(0.706)	(0.746)	(0.446)	(0.438)	(0.481)
财政支农	0.139**	0.118**	0.109*	0.157***	0.141***	0.140***
	(0.057)	(0.058)	(0.056)	(0.036)	(0.036)	(0.036)
有效路网密度	0.230**	0.210**	0.288***	0.111*	0.096	0.108*
	(0.097)	(0.097)	(0.099)	(0.061)	(0.060)	(0.064)
农村交通基础设施投资		0.036	0.032		0.028*	0.027*
		(0.023)	(0.022)		(0.014)	(0.014)
农作物播种面积			0.839**			0.132
			(0.343)			(0.221)
常数项	−10.890***	−11.140***	−15.600***	1.387	1.202	0.501
	(1.829)	(1.817)	(2.534)	(1.144)	(1.127)	(1.633)
样本数	88	88	88	88	88	88
R^2	0.959	0.961	0.964	0.951	0.954	0.954

　　模型(1)~(3)、(4)~(6)分别表示被解释变量为 $\ln I_1$、$\ln I_2$ 逐步回归的部分结果，选取拟合效果较好的模型(3)和模型(6)进行分析。有效路网密度对人均工资性收入和人均家庭经营纯收入均具有显著的促进作用，极有可能源于目前西部地区农村现存的交通基础设施(存量)为农村劳动力外出就业和从事农业生产活动提供了便利，从而获得更多的工资性收入和家庭经营纯收入；而农村交通基础设施投资(流量)也均能促进两大收入构成的增加，但对人均家庭经营纯收入的影响显著，而对人均工资性收入影响不显著，一种可能的解释是，农村交通基础设施与城市相较而言，投资量小、周期短，对工资性收入的作用有限，但可能更有利于家庭经营纯收入的增长。

　　对控制变量而言，农业机械总动力和财政支农均显著地促进农民人均工资性收入和人均家庭经营纯收入增加，表明农业科技进步在提高农业生产率促使家庭经营纯收入增加的同时，所释放的劳动力外出就业也会带来更多工资性收入；而财政支农则通过农业基础建设或直接补贴等促进农民增收。农作物播种面积对人均工资性收入和人均家庭经营纯收入均具有正向促进作用，但对后者的影响不显著，可能是农产品价格或土地的使用、管理等其他方面的原因导致的。平均受教育年限对农民人均工资性收入具有显著的正向影响，表明人力资本水平越高所获得的工资性收入也会更高；平均受教育年限对人均家庭经营纯收入具有抑制性，从长期来看，这可能是因为农业从业人员的教育回报率过低、对从事农业生产的劳动力受教育的程度要求不高，在一定程度上，受教育时间过长反而可能被认为耽误了从事家庭经营和农业活动取得收入的机会等。

8.3.3　分省农村交通基础设施对农民人均纯收入影响的实证检验

考虑到西部各省(区、市)的基础设施发展水平、土地资源等的差异性，有必要对西部地区分省(区、市)或分区域进行再检验。但考虑到简单的分省回归会因时间序列较短，达不到基本要求的样本容量，而分区域又存在西部各省(区、市)归类不明确等问题，因此本章综合考虑各方因素，采用随机系数模型进行分省(区、市)异质性研究。该方法将解释变量系数视为一随机变量，在 FGLS 的一致估计条件下展开回归，从而为样本中每个省(区、市)的变量系数提供异质性的分析结果；同时模型估计结果给出的参数稳定性卡方检验也表明拒绝参数不变的原假设，即认为交通基础设施等变量对农民相关收入指标的影响存在省(区、市)差异。

首先，以农民人均纯收入($\ln I$)为因变量的结果见表8.5。总体而言，有效路网密度($\ln RD$)对农民人均纯收入的影响系数除青海之外，都为正向(四川、贵州和甘肃等省份系数并不显著，一个可能的解释是这些地区的交通基础设施存量尚未达到其产生显著作用的门槛值)；农村交通基础设施投资($\ln TRANS$)则表现出更为明显的差异性，其中重庆、陕西和新疆系数显著为负，甘肃显著为正。比较分析可知，交通基础设施的存量和流量指标在影响农民收入层面也存在较大的省(区、市)差异，研究需关注省(区、市)针对性的结果表现。具体而言，重庆、陕西和新疆地区主要表现为正向的存量交通作用和负向的流量交通作用，在西部地区的地理位置和已有的交通基础条件给予了此类省(区、市)农民收入增长的较好基础，但较大规模的交通基础设施投资本身可能因边际产出递减规律和对其他投资的挤占作用导致存在负向效应；而广西、云南、宁夏等省(区、市)则主要依赖于交通基础设施存量的效应发挥，其原因是这些省(区、市)交通基础设施发展相对较为缓慢，增量投资的拉动效果有限。

控制变量层面，农业机械总动力除重庆、青海之外大都有显著的正向影响(内蒙古不显著)，可以发现农业机械发展状况对农民纯收入有广泛意义上的促进作用，而重庆、青海和内蒙古未能表现出统计意义上的显著性，这与省(区、市)的自然条件有很大关系，多山的重庆、高原与湿地为主的青海及草原为主的内蒙古并不适宜农业机械化。平均受教育年限在内蒙古、重庆、贵州、陕西、青海、宁夏等省(区、市)均表现出了显著的正向促进作用，但对新疆等地区却有抑制性，同时存在效果并不显著的地区，教育能否有效转化为对农民收入的增长动力可能存在实现条件。财政支农的效果也存在较大差异，其中内蒙古、重庆、青海和新疆地区系数显著为正，而广西、云南、陕西、甘肃等地区显著为负，财政的支持可能会因为对工资性收入和经营性收入的差异影响而有异质性。扩大农作物播种面积有利于农民收入增加的省份主要是四川、陕西，而有不利影响的有重庆、宁夏和新疆等，因此从总体意义上而言，农作物播种面积的提升并不一定能够提升农民收入，这与当前社会中农民并不依靠种地过活的情境相吻合。

表 8.5　农民人均纯收入变系数检验结果

变量	内蒙古	广西	重庆	四川	贵州	云南
农业机械总动力	0.117	1.737***	-0.373	1.587***	1.148***	1.554***
	(0.542)	(0.284)	(0.233)	(0.417)	(0.303)	(0.294)
农作物播种面积	0.006	-0.346	-8.438***	3.143**	0.074	0.157
	(1.558)	(0.303)	(1.956)	(1.293)	(0.819)	(0.685)
平均受教育年限	3.289*	-0.149	1.179**	0.230	4.285***	-0.873
	(1.756)	(0.715)	(0.595)	(0.700)	(1.648)	(1.619)
财政支农	0.376*	-0.152**	0.810***	0.042	-0.072	-0.189*
	(0.212)	(0.071)	(0.142)	(0.160)	(0.080)	(0.110)
有效路网密度	0.561***	0.578**	3.085***	0.082	0.075	1.170***
	(0.217)	(0.246)	(0.442)	(0.141)	(0.323)	(0.327)
农村交通基础设施投资	-0.007	0.040	-0.327***	-0.083	0.042	-0.011
	(0.059)	(0.049)	(0.069)	(0.052)	(0.030)	(0.019)
常数项	-2.062	-3.288	66.883***	-32.869***	-9.767	-5.083
	(13.665)	(2.195)	(16.092)	(11.935)	(6.838)	(6.007)
变量	陕西	甘肃	青海	宁夏	新疆	
农业机械总动力	2.712***	2.729***	-0.676	1.835***	2.378***	
	(0.022)	(0.383)	(0.419)	(0.220)	(0.016)	
农作物播种面积	2.396***	-0.812	-0.324	-1.797***	-10.853***	
	(0.117)	(0.695)	(0.426)	(0.220)	(0.102)	
平均受教育年限	2.947***	-1.100	3.943***	3.092***	-2.830***	
	(0.178)	(1.316)	(1.384)	(0.769)	(0.061)	
财政支农	-0.301***	-0.210***	0.462***	-0.008	1.545***	
	(0.011)	(0.035)	(0.100)	(0.040)	(0.014)	
有效路网密度	0.513***	0.054	-0.130	0.676***	0.713***	
	(0.030)	(0.068)	(0.200)	(0.082)	(0.007)	
农村交通基础设施投资	-0.494***	0.179***	-0.067	-0.007	-0.147***	
	(0.032)	(0.048)	(0.050)	(0.008)	(0.005)	
常数项	-32.132***	-4.713	6.219**	1.521	80.351***	
	(1.079)	(5.001)	(3.112)	(2.420)	(0.834)	

　　其次，表 8.6 报告了以农民人均工资性收入为因变量的估计结果。可见，交

通基础存量基本上对各省(区、市)均有正向影响,当然,各省(区、市)所处地理位置与交通基础设施发展状况也在一些省(区、市)未能表现出对农民工资性收入的增加作用(广西、四川、甘肃、贵州和青海不显著)。交通流量方面,农村交通基础设施投资($\ln TRANS$)的影响多不显著,在具有统计差异的样本中,重庆和陕西显著为负,贵州地区则显著为正,这一表现与对农民人均纯收入的估计结果具有一致性。控制变量层面,农业机械总动力对农民工资性收入基本都为正向影响(青海除外),且基本上有统计显著性,可能的原因是农业机械的发展有助于解放劳动力,从而促进农村人口更多地参与工资性收入活动,这表明提高西部各省(区、市)农业技术水平对农民增收是很有效的。平均受教育年限对人均工资性收入在重庆、贵州、陕西、宁夏和新疆等省(区、市)均表现为显著的促进作用,而其他地区并不具有统计显著性,说明提高农民的人力资本水平可助于工资性收入增长从而增加收入。财政支农的异质性较为明显,其中内蒙古、重庆和青海为正且显著,云南、陕西和甘肃为负且显著,地区发展状况和对财政的依赖性形成了对农民工资性收入的间接影响。扩大农作物播种面积的影响仅在重庆、甘肃和宁夏有一定的统计显著性,其中重庆和宁夏地区为负向效应,可能是区域内土地使用和管理制度等方面的原因所致。另外,与农民的生产经营活动开始脱离土地也有很大关联。

表 8.6　农民人均工资性收入变系数检验结果

变量	内蒙古	广西	重庆	四川	贵州	云南
农业机械总动力	0.246	1.721**	0.619	2.411***	1.471*	2.807***
	(0.641)	(0.730)	(0.472)	(0.741)	(0.376)	(0.231)
农作物播种面积	-0.397	-0.063	-2.460*	0.044	1.231	-0.616
	(0.660)	(0.643)	(1.312)	(0.482)	(0.917)	(0.492)
平均受教育年限	1.808	0.886	3.631***	0.600	2.970**	1.767
	(1.391)	(1.469)	(1.118)	(1.389)	(1.373)	(1.297)
财政支农	0.438*	-0.123	0.335**	-0.082	-0.166	-0.282***
	(0.235)	(0.190)	(0.140)	(0.219)	(0.111)	(0.069)
有效路网密度	0.639***	0.383	1.742***	0.075	-0.162	0.701***
	(0.248)	(0.297)	(0.563)	(0.184)	(0.272)	(0.204)
农村交通基础设施投资	0.027	0.104	-0.249**	-0.054	0.116***	-0.006
	(0.062)	(0.129)	(0.109)	(0.076)	(0.042)	(0.012)
常数项	1.080	-9.238	11.526	-12.358	-20.214**	-13.111***
	(8.784)	(7.669)	(11.689)	(8.628)	(9.113)	(4.242)

变量	陕西	甘肃	青海	宁夏	新疆
农业机械总动力	3.396***	2.704***	-0.465	2.053***	1.927***
	(0.338)	(0.333)	(0.614)	(0.422)	(0.413)
农作物播种面积	0.979	1.787**	0.796	-1.083***	0.036
	(0.656)	(0.720)	(0.622)	(0.413)	(0.734)
平均受教育年限	3.581**	3.887***	1.233	3.419***	2.490*
	(1.654)	(1.261)	(1.500)	(1.309)	(1.344)
财政支农	-0.267*	-0.379***	0.629***	0.088	0.103
	(0.143)	(0.082)	(0.154)	(0.079)	(0.160)
有效路网密度	0.296*	0.061	-0.314	0.545***	0.722**
	(0.156)	(0.163)	(0.333)	(0.154)	(0.339)
农村交通基础设施投资	-0.478**	-0.016	0.025	-0.004	-0.001
	(0.192)	(0.076)	(0.094)	(0.016)	(0.197)
常数项	-27.474***	-34.054***	0.771	-6.724	-15.552**
	(7.970)	(5.631)	(3.127)	(4.530)	(6.243)

再次，表 8.7 报告了农民人均家庭经营纯收入为因变量的估计结果。其中，内蒙古、重庆、云南和宁夏表现出正向关联，贵州地区显著为负，交通存量对家庭经营纯收入的影响在多数省(区、市)并不明显，当然同时也存在省(区、市)发展条件导致的交通基础设施存量作用的差异。农村交通基础设施投资($\ln TRANS$)的影响仅四川、贵州和云南具有显著性，结合存量指标的表现，家庭经营纯收入不仅在一定程度上对交通发展有较强的依赖性，可能更多的是与家庭自身的条件有关。控制变量层面，农业机械总动力对农民家庭经营纯收入有显著的正向作用，仅内蒙古、重庆和青海不显著，其原因与前文的探讨具有一致性。平均受教育年限的作用并不乐观，教育水平的提升未能转化为家庭经营纯收入的增长效应，西部省(区、市)人口的流动性，尤其是高等教育水平人口的东南迁移是其不能发挥正向作用的重要因素。财政支农的作用与前文两组分析类似，新疆和重庆表现为促进效应，而贵州、云南表现为抑制效应。扩大农作物播种面积是否能够促进家庭经营纯收入？这一问题在四川、云南的答案是肯定的，而在贵州、宁夏和新疆是否定的。综合前文内容，可以发现省(区、市)差异相当明显，这引导我们在政策建议分析中也应适当的关注省(区、市)的区别，提出有针对性的建议。

表 8.7　农民人均家庭经营纯收入变系数检验结果

变量	内蒙古	广西	重庆	四川	贵州	云南
农业机械总动力	0.368	1.522**	−0.285	1.335***	3.484***	0.566*
	(0.592)	(0.615)	(0.767)	(0.285)	(0.228)	(0.326)
农作物播种面积	0.816	−0.475	−2.422	10.515***	−4.086***	2.449***
	(1.779)	(0.707)	(2.426)	(1.630)	(0.337)	(0.888)
平均受教育年限	2.872	1.219	0.255	2.227***	17.513***	3.789*
	(3.318)	(1.737)	(1.820)	(0.559)	(1.383)	(2.071)
财政支农	0.150	−0.218	0.351*	−0.014	−0.376***	−0.749***
	(0.258)	(0.188)	(0.180)	(0.115)	(0.037)	(0.176)
有效路网密度	0.529**	0.597	1.813**	0.074	−2.094***	2.729***
	(0.247)	(0.501)	(0.849)	(0.095)	(0.235)	(0.487)
农村交通基础设施投资	0.027	0.072	−0.030	−0.267***	0.021***	−0.093***
	(0.069)	(0.128)	(0.131)	(0.037)	(0.007)	(0.029)
常数项	−9.868	−4.080	21.387	−100.439***	−11.827***	−26.672***
	(16.973)	(5.099)	(18.306)	(15.688)	(1.989)	(8.724)

变量	陕西	甘肃	青海	宁夏	新疆
农业机械总动力	1.858***	1.778***	0.008	1.596**	1.959***
	(0.420)	(0.644)	(0.523)	(0.625)	(0.488)
农作物播种面积	0.563	−2.188	−0.092	−1.968*	−5.765***
	(1.579)	(2.376)	(0.804)	(1.007)	(2.456)
平均受教育年限	1.608	−1.045	3.200	1.836	−3.495*
	(2.719)	(2.593)	(2.102)	(3.167)	(2.101)
财政支农	−0.215	−0.064	0.183	−0.036	0.829**
	(0.188)	(0.180)	(0.145)	(0.181)	(0.332)
有效路网密度	−0.074	0.236	0.096	0.723*	−0.142
	(0.229)	(0.365)	(0.284)	(0.393)	(0.240)
农村交通基础设施投资	0.092	0.051	−0.097	0.002	−0.218
	(0.103)	(0.102)	(0.070)	(0.040)	(0.146)
常数项	−14.507	13.465	2.113	6.003	48.137**
	(15.000)	(18.187)	(4.808)	(10.947)	(20.337)

8.4　本章研究结论与启示

识别农村交通基础设施的收入效应，以期提供一些依靠交通发展促进农民收入增长的路径，本章利用西部 11 省(区、市)2006—2014 年汇总的乡镇层面面板数据，从存量(有效路网密度)和流量(投资)两个角度探析了西部地区农村交通基础设施对农民人均纯收入的影响、作用机制及省(区、市)差异，研究发现：

(1)就西部地区整体而言，存量层面的交通发展的影响表现为，提高西部地区农村有效路网密度对农民人均纯收入及其两大主要构成均具有显著的正向促进作用；而流量层面的发展则表明，西部地区农村交通基础设施投资对农民人均纯收入及其两大主要构成只有微弱的正向促进作用，且对人均家庭经营纯收入的影响具有显著性。

(2)就西部各省(区、市)而言，总体收入水平和分量指标表现为，大部分省(区、市)的交通存量指标均表现为正向且显著。其中，对农民纯收入，除四川、贵州、甘肃和青海不显著外，其余省(区、市)均为正向且显著；对农民工资性收入，除广西、四川、贵州、甘肃和青海不显著外，其余省(区、市)均为正向显著结果；对人均家庭经营纯收入，仅内蒙古、重庆、云南和宁夏表现出正向关联，贵州地区显著为负。流量层面，对人均纯收入状况，重庆、陕西和新疆系数显著为负，甘肃显著为正；对农民工资性收入，重庆和陕西显著为负，贵州地区显著为正；对人均家庭经营纯收入，四川和云南显著为负，贵州显著为正。可以发现流量的作用相对存量而言还比较弱，且在地区上差异明显。

(3)其他控制变量层面，农业技术进步、财政支农、农作物播种面积等控制变量对西部 11 省(区、市)农民的收入及其构成也具有不同程度的影响，同时展现了较为明显的地区差异，以农业机械总动力为例，其中重庆、青海和内蒙古的自然条件和发展模式决定了农业机械技术的投入并不能很好地发挥其正向效果。

交通基础设施的发展不仅存在存量和流量的差异，而且存在不同省(区、市)发展效果的异质性，本章基于此考虑利用固定效应面板回归和变系数回归分析方法对以上结论进行了识别，依据实证分析和研究结论，本章提出如下 3 点政策启示：

首先，从总体上看，在数量上加大西部地区农村交通基础设施投资并使交通基础设施存量达到一定的门槛值，有助于消除西部地区农民增收瓶颈，是实现西部地区农民增收的有效途径。但是，同时应该关注西部地区不同省域农村交通基础设施的发展现状及其对农民收入结构的作用方向和强度，进而做出对西部地区农民增收适宜的交通扶贫措施。

其次，交通基础设施投资对农民人均纯收入及其两大主要构成的影响有限，借助交通投资来促进农民短期增收的效果不明显，甚至可能会给西部某些地区的农民带来负担，进而对其增收产生负向作用。因此，在西部地区的农村交通基础设施投资问题上，需要结合各地区的土地资源特征等多方面的因素考虑后再判断投资的必要性。

最后，需注重提高西部地区农村交通基础设施水平和其他影响农民收入的因素间的协调配合，发挥合力促使农民收入水平提高。例如，从强化农民的教育水平，增加农业从业人员的教育回报率，并以此吸引受教育水平较高的劳动力回流农村，以及改善农作物生产土地利用、促进农业机械的运用和其他农业技术进步等来不断提高农业技术水平、保持对农民合理的财政支出等方面来保障农民收入的增加。

第9章 财政分权与地方交通基础设施投资激励

地方交通基础设施投资扩张被认为是分权体制下为增长而竞争的结果，学术研究仍局限于中央单向转移支付所起到的均衡地方财力的再分配效应分析，缺乏对中央跨区域财政配置完整过程对地方政府投资行为的影响刻画(李森圣和张宗益，2015)。

9.1 引　　言

基础设施投资对经济增长的重要性已经得到政界和学界的广泛认同(李平等 2011；Straub，2011)，保证合理规模的基础设施投资增长仍然是中国处于发展中国家基本国情背景下的必然选择。但中国基础设施建设良好，而公共物品供给不足的特征事实认定(张军等，2007；傅勇，2010)，往往将学者的注意力转向公共物品供给，却忽视了基础设施投资在东部、中部、西部地区及城市与农村地区之间分布不平衡所引起的挤占效应，仍然是中国区域、城乡收入不平等问题长期处于严峻形势的重要影响因素，合理布局交通基础设施建设关乎城乡良性联动和可持续发展目标的实现(张宗益等，2013；刘生龙和郑世林，2013)。从十七大的"加强基础产业基础设施建设，加快发展现代能源产业和综合运输体系"到十八大提出"合理布局建设基础设施和基础产业"，同样凸显基础设施投资区域布局的重要性。

已有研究主要从财政分权和政府治理两个方面，重点探讨了中国的政治集中模式，以及财政分权体制对基础设施投资的影响(张军等，2007)。图 9.1 和图 9.2 直观地呈现了不同区域间人均交通基础设施投资差距与央地政府财政分配格局演变在关键时点上存在的吻合关系。

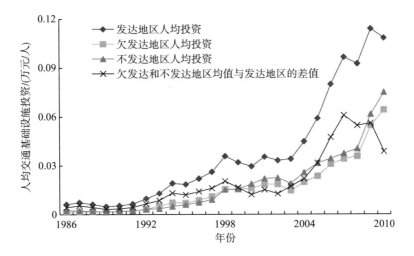

图 9.1　不同发达程度地区人均交通基础设施投资差距(1986—2010 年)

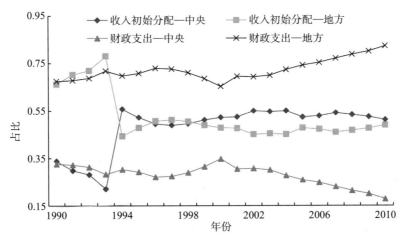

图 9.2　央地财政分配格局演变趋势图(1990—2010 年)

注：鉴于本章研究需要，并没有按照东部、中部、西部的区域划分，而是按照人均 GDP 水平分类，其中发达地区包括北京、天津、上海、辽宁、浙江、江苏、山东、广东，欠发达地区包括河北、吉林、黑龙江、安徽、江西、福建、河南、湖南、湖北、海南，其余为不发达地区。

　　但既有研究更多地偏向于全国范围内基础设施改善原因及地方政府财政支出结构扭曲行为的释疑，而对不同区域间交通基础设施投资差距演变格局背后的作用机制，现有文献并没有给出直接统一的答案。按照现有研究结论的逻辑推演，欠发达地区、不发达地区与发达地区的基本建设投资差距应该呈缩小趋势(付文林和沈坤荣 2012；贾俊雪，2011)，这与图 9.1 呈现的区域之间人均交通基础设施投资差距先平缓后不断扩大的事实相违背。

　　在这样的疑问下，本章首先对现有相关文献中使用的财政分权测度指标与其他代表性的央地财政关系测度方法进行了详细对比分析，并架构各测度指标之间的关联与差异。在此基础上，提出适合本章分析的央地财政关系测度方法，并在该测度框架下解答本章所提出的问题。本章的主要贡献在于：

(1)央地财政关系测度指标和方法众多，对这些指标进行系统的总结对比，厘清各指标之间的纷杂关系。

(2)通过区域间人均交通基础设施投资差距演变格局的例证，验证了完整刻画央地财政关系的重要性。

(3)经验研究中，区分净流入和净流出地区的结果，揭示出跨区域财政配置关系对不同区域存在的差异性作用。本章后续内容安排：第二部分，相关文献的梳理和评述；第三部分，测度指标对比及测度方法选择；第四部分，计量模型设定及实证结果分析；第五部分，简单总结和研究启示。

9.2　文　献　述　评

关于基础设施投资决定因素的研究早已有之，Crain 和 Oakley(1995)将政府选举及政治制度等政治因素的影响作用引入基础设施投资区域分布的决定中。Kemmerling 和 Stephan(2002)证实了政治因素在德国大城市基础设施建设投资中的重要影响作用，并提出了公平、效率及政治目标之间的考量。但是，政府在公平、效率及政治目标三者的侧重性方面，现有研究并没有获得一致结论。Castells 和 Solé-Ollé(2005)研究发现，中央政府和地方政府都希望在分配基础设施投资时平衡公平和效率，相比之下，地方政府似乎更加在意效率维度。Lambrinidis 等(2005)则在希腊找到了政府偏重政治目标和公平的证据。但是，Monastiriotis 和 Psycharis(2014)使用希腊的样本均没有发现政府因公平、效率或政治目标而导致的投资在地域上存在明显集聚或分散特征的证据，而更多的是表现为一种随意的分配。关于这一争论，Kemmerling 和 Stephan(2008)研究认为，政治的影响作用在不同国家之间存在显著的差异，政治因素影响基础设施投资与不同国家的差异政治系统有关。关于中国样本的研究中，Zheng 等(2013)使用中国的数据发现中央政府在做决策时尽量地平衡公平和效率，以及政府因素在区域基础设施投资中起着显著性作用。

随着分权理论的进一步扩散与发展，学者和国际组织建议采用一种分权的方法提供基础设施，Esteller 和 Solé(2005)首先在西班牙发现了分权增加基础设施的证据。Kappeler 和 Välilä(2008)使用一组具有不同分权方法的欧盟成员国数据，同样证实了分权对基础设施总投资的促进作用。进一步地，Kappeler 等(2013)使用1990—2009 年 20 个欧洲国家的地区层面数据研究发现，收入分权增加的是地区层面的基础设施投资，而不是其他非生产性公共品的投入，且使用越多的专项赠款资助为基础设施投资筹集资金，收入分权的效应就越低。

中国基础设施投资决定的政治经济学背景与欧美国家存在显著的不同。张军等(2007)指出，要解释中国在改进基础设施上的出色成就，必须从中国式财政分权模式和政府治理转型中寻找答案。研究证实了地方政府之间在招商引资上的标尺竞争和政府治理的转型在中国基础设施投资决定过程中起到的重要作用。不过，直接研究地方政府基础设施投资决定因素的文献并不多，更多的学者考察的是公共财政支出中基本建设支出的影响因素，傅勇和张晏(2007)研究发现，中国的财政分权及基于政绩考核下的政府竞争，在支出结构上造就了地方政府"重基础建设、轻人力资本投资和公共服务"的严重扭曲。李京晓等(2012)研究发现，在保持财政事权不变的条件下，地方政府在财政分权中所占份额越小，其发展经济和增加投资的偏好越大。付文林和沈坤荣(2012)证实中国中央政府的转移支付具有可替换效应，即转移支付的改善会促进地方将更多的资金投向基本建设而非科教文卫支出，而且，越是经济欠发达的财政资金净流入地区，地方政府对基本建设、行政管理支出项目的诉求越强烈。

国内外学者针对中国样本的研究为进一步的研究提供了重要的线索，但现有研究尚有一些地方有待挖掘：

(1)针对区域间人均交通基础设施投资差距的少数研究并没有提供直接统一的结论。

(2)已有研究中使用的央地财政关系测度指标缺乏对中央政府跨区域财政配置的完整刻画。

(3)中国式经济分权、政治集权及转移支付制度主要是以一种单独作用的方式出现。

本章的主要工作就从这 3 点出发，在一个更为完整的中央政府跨区域财政配置研究框架中，寻找分税制改革后区域间人均交通基础设施投资差距变化趋势的合理解释，并藉此提出合理布局交通基础设施投资以平衡区域经济发展的些许建议。

9.3　央地财政关系测度指标对比

9.3.1　测度方法对比评析

表 9.1 总结了上文提及的 5 个代表性研究所使用的央地财政关系测度指标及具体的计算公式。由前文述及，现有央地关系背景下针对基础设施投资和支出决定的研究，主要使用的是陈硕和高琳(2012)与付文林和沈坤荣(2012)所总结或使用的分权、财政自主度及转移支付指标，图 9.3 的左图直观地展示了分税制改革后，这些指标的变化趋势。李永友和沈玉平(2010)、方红生和张军(2013)与 Eyraud 和 Lusinyan(2013)进一步完善和扩展了央地财政关系的测度，分税制改革后直观

的演变趋势如图 9.3 右图所示。

表 9.1　央地财政关系的主要代表性测度方法

代表性研究	测度方法		计算公式
陈硕和高琳 （2012）	财政分权	收入指标	$收入分权_{i,t} = \dfrac{省本级预算内财政收入_{i,t}}{中央本级或全国财政预算内收入_{i,t}}$
		支出指标	$支出分权_{i,t} = \dfrac{省本级预算内财政支出_{i,t}}{中央本级或全国财政预算内支出_{i,t}}$
		地方财政自主度	$地方财政自主度_{i,t} = \dfrac{地方财政净收入_{i,t}}{地方财政净收入_{i,t} + 中央政府转移支付_{i,t}}$
付文林和沈坤荣（2012）	净转移支付指标		$净转移支付_{i,t} = 分省中央补助收入_{i,t} - 地方上解中央支出_{i,t}$
方红生和张军（2013）	两只手治理模式	攫取之手	$攫取之手_{i,t} = \dfrac{中央税收_{i,t} + 地方上解_{i,t} - 税收返还_{i,t}}{总税收_{i,t}}$
		援助之手	$援助之手_{i,t} = \dfrac{中央补助_{i,t} - 税收返还_{i,t}}{本级财政支出_{i,t}}$
Eyraud 和 Lusinyan （2013）	财政纵向不平衡指标		$财政纵向不平衡_{i,t} = 1 - \dfrac{本级财政收入_{i,t}}{本级财政支出_{i,t}} = \dfrac{净转移支付_{i,t} + 净负债_{i,t}}{本级财政支出_{i,t}}$
李永友和 沈玉平（2010）	财政收入垂直分配	初次分配	$初次分配_{i,t} = \dfrac{初始财政收入_{i,t} - 本级财政收入_{i,t} + 上缴中央支出_{i,t}}{初始财政收入_{i,t}(非税收入_{i,t} + 国税_{i,t} + 地税_{i,t})}$
		再分配	$再分配_{i,t} = \dfrac{中央补助收入_{i,t}}{初始财政收入_{i,t}(非税收入_{i,t} + 国税_{i,t} + 地税_{i,t})}$
		财政收入净流量	$财政收入净流量_{i,t} = 初次分配_{i,t} - 再分配_{i,t}$

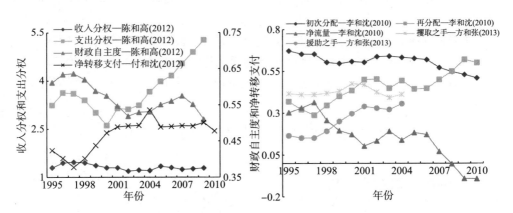

图 9.3　央地财政关系主要代表性测度指标的演变趋势（1995—2010 年）

注：①左图的主坐标轴测量的是收入分权和支出分权，次坐标轴测量的是财政自主度和净转移支付；②关于收入分权、支出分权和财政自主度 3 个指标的数据来源，此处感谢陈硕博士在其个人网站中共享陈硕和高琳（2012）的研究数据，数据下载见见：http://ihome.ust.hk/~sochenshuo/research_cn.htm；③笔者仅获得了《地方财政分析资料》（2004）的相关数据，但是没有获取 2004 年之后的相关数据，因此这里仅提供了攫取之手和援助之手 1995—2004 年的变化趋势。④图中"陈和高"指"陈硕和高琳"，"付和沈"指"付文林和沈坤荣"，"李和沈"指"李永友和沈玉平"，"方和张"指"方红生和张军"。图 9.5 同。

整体上，从这些计算公式或指标所描述的央地财政关系演变趋势来看，不同测度指标所反映的趋势存在较大区别，这也引导我们在研究中要谨慎地选择合适的测度指标。仔细比较每个指标的计算公式发现，除收入分权和支出分权与其他指标存在较大差异之外，其他指标主要可以归结为两类，具体见表 9.1。

9.3.2　方法选择

通过对央地财政关系各个度量指标的对比和总结分析发现，以往学者在研究基础设施投资或财政支出决定的过程中使用的分权、财政自主度及净转移支付等指标，仅捕捉了中央政府向地方政府转移支付(中央补助)的部分内容，但中央政府在初次分配阶段从地方政府筹集资金产生的影响则被忽略了。相比而言，李永友和沈玉平(2010)及方红生和张军(2013)所采用的指标策略将央地财政关系更为完整地呈现出来。

将李永友和沈玉平(2010)的财政垂直分配关系所包含的三指标体系与方红生和张军(2013)的两只手治理模式所囊括的两指标体系相比，从图 9.4 和图 9.5 所展示的计算公式之间的联系或从指标所描述的演变趋势来看，两套体系其实十分相近，但也存在一些差异之处，一方面，方红生和张军(2013)的两个指标均考虑了税收返还，这可能使得两个指标反映的内容更加贴近于现实；另一方面，李永友和沈玉平(2010)除研究与方红生和张军(2013)的攫取之手和援助之手相对应的初次分配和再分配指标外，还使用财政收入净流量指标衡量了整体的一个情况，使得研究更加合理完善。

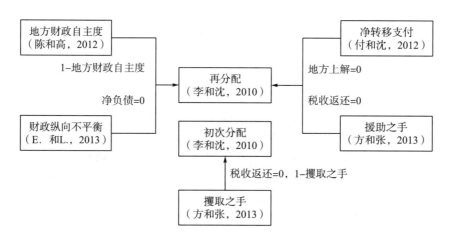

图 9.4　两类测度指标之间的联系结构图

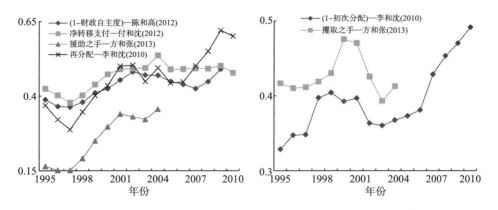

图 9.5　两类测度指标演变趋势的比较(1995—2010 年)

注：①左图中使用(1-财政自主度)指标，原因是，从计算公式来看，分子为地方财政净收入，分母为地方财政支出(地方财政净收入+中央政府转移支付)，那么(1-财政自主度)的分子即为中央政府转移支付，与其他指标的分子则归为一类；②右图中使用(1-初次分配)，原因是，方红生和张军(2013)是从中央政府的视角，考察中央政府从地方政府获取的初次分配收入占总税收的比重，而李永友和沈玉平(2010)则是从地方政府的视角，考察地方政府流向中央政府的初次分配收入占初次财政收入的比重。

综合考虑，更为合理的选择是采用方红生和张军(2013)的两只手治理模式，同时借鉴李永友和沈玉平(2010)的财政收入净流量指标，再构造一个指标衡量两只手的整体影响效应。但是，笔者无法获取计算方红生和张军(2013)的两只手指标所用的 2005 年至今的分省税收返还数据，因此退而求其次，本章采用李永友和沈玉平(2010)的三指标体系框架对分税制之后区域间人均交通基础投资差距的演变趋势进行解释。

9.4　经　验　分　析

9.4.1　计量模型

中央政府跨区域配置过程包含初次分配、再分配及财政收入的净流量，相应地，本章共使用 3 个计量模型来捕捉不同过程的影响效应及综合影响效应。

(1)第一个是初次分配方程，主要分析初次分配过程中政府自下而上的财政收入大规模集中对地方交通基础设施投资的影响。据此，将模型设定为

$$\ln ptrinv_{i,t} = c_1 + \alpha_1 frlc_{i,t} + \beta_1 frlc_{i,t} \cdot fsy_{i,t} \cdot t \cdot dq \\ + \gamma_1 frlc_{i,t} \cdot \ln pfdi_{i,t} + \eta_1 X_{i,t} + \varepsilon_{i,t} \qquad (9.1)$$

式中，$ptrinv_{i,t}$、$frlc_{i,t}$、$fsy_{i,t}$ 和 $pfdi_{i,t}$ 分别表示省份 i 在 t 时期的人均交通基础设施投资、初次分配、非税收入依赖程度及政治竞争程度；t 和 dq 分别为时间和地区虚拟变量，在方程中逐项加入；$X_{i,t}$ 为其他重要的控制变量，借鉴张军等(2007)

的研究，我们考虑了人均 GDP、地方政府的治理水平、官员贪污及政府竞争程度；$\varepsilon_{i,t}$ 为随机扰动项。

(2) 第二个是再分配方程，主要分析再分配过程中政府自上而下的财政转移支付对地方交通基础设施投资的影响。同上，方程中还引入了地方政府之间的横向标尺竞争及时间和地区虚拟变量，得到第二个模型为

$$
\begin{aligned}
\ln ptrinv_{i,t} = c_2 &+ \alpha_2 frlr_{i,t} + \beta_2 frlr_{i,t} \cdot zzb_{i,t} \cdot t \cdot dq \\
&+ \gamma_2 frlr_{i,t} \cdot \ln pfdi_{i,t} + \eta_2 X_{i,t} + \varepsilon_{i,t}
\end{aligned}
\tag{9.2}
$$

式中，$ptrinv_{i,t}$、$frlr_{i,t}$、$zzb_{i,t}$ 和 $pfdi_{i,t}$ 分别表示省份 i 在 t 时期的人均交通基础设施投资、再分配、专项转移支付占比及政府竞争程度；t 和 dq 分别为时间和地区虚拟变量；$X_{i,t}$ 的设定与式(9.1)一致；$\varepsilon_{i,t}$ 为随机扰动项。

(3) 第三个是财政收入净流量方程，用于估计中央跨区域配置的综合效果。第三个模型设定为

$$
\begin{aligned}
\ln ptrinv_{i,t} = c_3 &+ \alpha_3 frjll_{i,t} + \beta_3 frjll_{i,t} \cdot n_i \cdot t \cdot dq \\
&+ \gamma_3 frjll_{i,t} \cdot \ln pfdi_{i,t} + \eta_3 X_{i,t} + \varepsilon_{i,t}
\end{aligned}
\tag{9.3}
$$

式中，$ptrinv_{i,t}$、$frjll_{i,t}$ 和 $pfdi_{i,t}$ 分别表示省份 i 在 t 时期的人均交通基础设施投资、财政收入净流量和政府竞争程度；n_i 为财政收入净流入流出状态变量；t 和 dq 分别为时间和地区虚拟变量；$X_{i,t}$ 的设定与式(9.1)一致；$\varepsilon_{i,t}$ 为随机扰动项。

9.4.2　变量定义及数据来源

(1) 被解释变量。被解释变量为人均交通基础设施投资($ptrinv$)，计算方法借鉴张学良(2012)的研究，使用各省份的固定资产投资指数折算得到可比数据。

(2) 解释变量。本章的解释变量分别是初次分配、再分配、财政收入净流量、非税收入依赖程度、专项转移支付占比及政府竞争度。其中，初次分配($frlc$)、再分配($frlr$)、财政收入净流量($frjll$)的计算公式见表 9.1；非税收入依赖程度(fsy)是非税收入与财政预算内外支出的比值；专项转移支付占比(zzb)是各地专项转移支付占总转移支付的比重；政府竞争度($pfdi$)采用人均外商直接投资进行代理。

(3) 控制变量。为了控制时期及区域的经济环境影响，引入控制变量：经济发展水平、地方政府的治理水平、官员腐败、对外开放程度、时间虚拟变量、地区虚拟变量及财政资金净流入流出状态变量。其中，使用人均实际 GDP($pgdp$)衡量经济发展水平；地方政府的治理水平($pgmc$)采用单位公职人员行政费用支出进行代理；官员腐败($pcor$)采用单位公职人员贪污贿赂立案数进行代理；对外开放程度($open$)采用折算后的进出口总额占 GDP 的比重进行衡量；时间虚拟变量(t)定义为，2002 年之后为 1，否则为 0；地区虚拟变量(dq)定义为，欠发达地区为 1，

不发达地区为 2，发达地区为 0；财政资金净流入流出状态变量(n)定义为，$frijj$ 大于或等于 0，则为 0，否则为 1。

本研究使用的原始数据均来源于历年出版的《中国统计年鉴》《中国财政年鉴》《中国税务年鉴》《中国检察年鉴》，并使用了各省份统计年鉴、《地方财政分析资料》《新中国 60 年统计资料汇编》《2010 年中国城市(镇)生活与价格年鉴》的部分数据。

9.4.3 实证结果及解释

在估计方法的选择上，考虑到中央政府的跨区域财政配置制度设计与地方政府交通基础设施投资之间关系的研究中可能存在内生性问题，本章采用广义矩估计法(GMM)对方程进行估计，从而得到较为一致的结果。通过对比系数的显著性、Hansen 过度识别检验及 AR(1)、AR(2)自相关检验的结果，本章最终展示的是一步系统 GMM 方法得到的估计结果。

从估计结果来看，各个方程中交通基础设施投资增长滞后项的估计系数均显著为正，说明中国各地区交通基础设施投资具有显著的累积效应，同时也反映出地区间交通基础设施投资并不具备内在的收敛趋势，而是呈现地区间差距不断扩大的态势，分区域的估计结果再次印证了这一论断。

我们最关心的是中央政府跨区域财政配置对地方交通基础投资的影响，表 9.2 的估计结果表明，初次分配中的财政收入大规模集中对地方交通基础设施投资产生了显著的负面影响。中央政府的大规模资金集中诱导了地方政府开辟非税收入的财政行为，但地方政府通过非税收入弥补财政资金不足的行为并没有显著改变中央政府财政资金集中对地方政府交通基础设施投资的负面影响，而是进一步加剧了负面影响。从时间和地区交互项的影响系数来看，2002 年之后，非税收入依赖水平的负向影响变得显著且越加强大，在欠发达和不发达的中西部地区负向作用更为明显。具体分区域的结果再次证实了以上结论，在各地区初次分配均对地方交通基础设施投资产生负向作用，2002 年之后各地区地方政府的非税收入依赖水平进一步加剧了这一作用。另外，地方政府间的横向标尺竞争显著改善了中央政府财政资金集中对地方政府交通基础设施投资的负向作用。人均 GDP 是仅次于地方政府交通基础投资自身累积效应的影响因素，经济增长水平的提高显著地促进了地方交通基础设施的发展。分区域的结果表明，经济增长水平的作用在发达的东部地区效应要高于中西部欠发达地区。

表 9.2　初次分配方程的估计结果

解释变量	全国			发达地区	欠发达地区	不发达地区
ln$ptrinv$	0.7339*** (0.0445)	0.6985*** (0.0498)	0.7235*** (0.0502)	0.6856*** (0.0596)	0.6936*** (0.0739)	0.6321*** (0.0542)
$frlc$	−3.1000*** (0.8835)	−2.6511*** (0.7347)	−2.9547*** (0.8883)	−0.0141 (1.0161)	−0.2351 (1.7453)	−0.6304 (0.8261)
$frlc×fsy$	−0.2536 (0.6949)					
$frlc×fsy×t$		−0.8431*** (0.2388)		−0.8697** (0.2573)	−0.6634* (0.3328)	−1.6879** (0.2771)
$frlc×fsy×t×dq$			−0.5131** (0.2002)			
$frlc×$ln$pfdi$	0.5136*** (0.1685)	0.4614*** (0.1412)	0.5001*** (0.1722)	0.0346 (0.1554)	−0.0100 (0.3028)	0.1601 (0.1827)
ln$pgdp$	0.2277*** (0.0759)	0.2922*** (0.0783)	0.2420*** (0.0785)	0.4688*** (0.1096)	0.4034*** (0.0723)	0.4014*** (0.0646)
ln$pgmc$	−0.0089 (0.0437)	0.0570 (0.0420)	0.0553 (0.0459)	−0.0280 (0.0421)	−0.0567 (0.0397)	0.0813** (0.0341)
ln$pcor$	−0.1029* (0.0602)	−0.0575 (0.0604)	−0.0967 (0.0667)	0.0143 (0.0775)	−0.1683** (0.0623)	0.0942 (0.0543)
ln$pfdi$	−0.3080*** (0.0956)	−0.2966** (0.0823)	−0.3322*** (0.1051)	0.0207 (0.01150)	0.0455 (0.1675)	−0.0666 (0.1096)
常数项	−0.4839 (0.7836)	−2.0651 (0.8595)	−1.1787 (0.7953)	−5.2063** (1.8411)	−3.4034*** (1.0196)	−5.2051*** (0.9265)
Obs.	446	446	446	120	150	176
Hansen 检验	1.000	1.000	1.000	1.000	1.000	1.000
AR(1)检验	0.000	0.000	0.000	0.012	0.004	0.003
AR(2)检验	0.355	0.693	0.588	0.056	0.304	0.117

注：括号内为标准差，***、**、*分别表示1%、5%和10%的置信水平。Hansen检验为工具变量过度识别约束检验，其原假设是工具变量是有效的。AR(1)和AR(2)检验分别为Arellano-Bond一阶和二阶序列相关检验，下表同。

由于笔者仅能获取1995—2004年的转移支付分类数据，因此对于再分配方程的估计采用了两套数据，表9.3为1995—2010年不含专项转移支付比例数据的估计结果，但是为了捕捉专项转移支付的作用，我们采用相同的估计方法对1995—2004年包含专项转移支付比例的数据进行了回归，尽可能使得本章的结论更为稳健可信。（由于篇幅有限，这里并未给出包含专项转移支付的详细估计结果。）

表9.3　再分配方程的估计结果(不含专项转移支付)

解释变量	全国			发达地区	欠发达地区	不发达地区
ln$ptrinv$	0.7447***	0.7042***	0.7322***	0.7265***	0.6936***	0.5879***
	(0.0400)	(0.0443)	(0.0426)	(0.0527)	(0.0738)	(0.0604)
$frlr$	0.3557	0.3620	0.3876	2.4748*	-0.1525	-0.2741
	(0.3564)	(0.3956)	(0.3865)	(1.2639)	(0.7093)	(0.2745)
$frlr×t$		-0.2356**		-0.5898	-0.3518*	-0.2939***
		(0.0606)		(0.3701)	(0.1635)	(0.0646)
$frlr×t×dq$			-0.0734**			
			(0.0283)			
$frlr×$ln$pfdi$	-0.0489	-0.0020	-0.0297	-0.2936	0.1020	0.1541*
	(0.0772)	(0.0879)	(0.0876)	(0.1685)	(0.1342)	(0.0731)
lngdp	0.2149***	0.2889***	0.2349***	0.4161***	0.3859***	0.4814***
	(0.0567)	(0.0612)	(0.0583)	(0.0998)	(0.0617)	(0.0769)
ln$pgmc$	-0.0094	0.0307	0.0132	-0.0262	-0.0214	0.0750
	(0.0400)	(0.0441)	(0.0414)	(0.0299)	(0.0493)	(0.0680)
ln$pcor$	-0.1362**	-0.1163	-0.1366*	-0.0504	-0.1843*	0.0733
	(0.0639)	(0.0711)	(0.0725)	(0.0805)	(0.0949)	(0.0760)
ln$pfdi$	0.0354	0.0104	0.0214	0.0920*	0.0135	-0.0931
	(0.0492)	(0.0563)	(0.0553)	(0.0449)	(0.0521)	(0.0637)
常数项	-2.3507***	-3.4698***	-2.7251	-4.8456**	-3.6190***	-6.0337***
	(0.7033)	(0.7610)	(0.7335)	(1.5431)	(1.0320)	(0.9318)
Obs.	446	446	446	120	150	176
Hansen 检验	1.000	1.000	1.000	1.000	1.000	1.000
AR(1)检验	0.000	0.000	0.000	0.014	0.005	0.002
AR(2)检验	0.557	0.771	0.947	0.099	0.478	0.342

　　表9.3 的估计结果表明，再分配对地方交通基础设施投资具有并不显著的正向影响，但是加入不同交互项得到的再分配系数均为正，说明转移支付总体上有利于地方交通基础设施投资的增加。从交互项系数看，2002 年前后再分配的作用发生显著差异，2002 年之后转移支付的促进作用不断下降，在欠发达和不发达地区下降得尤为显著。分地区的结果表明，转移支付的作用在不同地区存在显著差异，转移支付显著促进了发达地区的投资增长，但是却抑制了欠发达和不发达地区的投资，2002 年之后，转移支付在发达地区的促进作用开始下降，对于欠发达和不发达地区的投资抑制则进一步加强。

　　但是如前文所述，与公共品供给关系最为密切的是专项转移支付，采用专项转移支付占比交互项的估计结果证实了这一事实。表 9.4 的结果揭示出，财政跨区域再分配中专项转移支付部分提高了地方交通基础设施投资，但是 2002 年之后这一促进作用显著降低，并且在欠发达和不发达地区作用降低更为明显。地方政府之间的横向竞争的作用则不显著。从分区域的结果可以发现一个很有趣的现象，中央跨区域的再分配转移支付显著地促进了发达地区的交通基础设施投资，但却对不发达地区产生了显著的抑制作用，在这一过程中，专项转移支付占比在两个地区均起到显著的抑制作用。遗憾的是，笔者仅获得 2004 年之前的专项转移支付数据，这使得我们无法获知 2002 年之后专项转移支付的影响作用是否发生改变。

表 9.4　再分配方程的估计结果（含专项转移支付）

解释变量	全国（1995—2004 年）			发达地区	欠发达地区	不发达地区
ln$ptrinv$	0.5228*** (0.1049)	0.5707*** (0.0733)	0.5886*** (0.0745)	0.7009*** (0.0473)	0.6215*** (0.0786)	0.3410*** (0.0984)
$frlr$	-0.8723 (1.1250)	0.3132 (0.5053)	0.4872 (0.5129)	7.5379* (3.8011)	0.5949 (1.9986)	-2.7156** (1.0403)
$frlr×zzb$	2.2009 (1.4034)			-3.6550** (1.3752)	0.8721 (1.3837)	3.6664** (1.4429)
$frlr×zzb×t$		-0.4286** (0.1921)				
$frlr×zzb×t×dq$			-0.1007 (0.1015)			
$frlr×$ln$pfdi$	0.0291 (0.1395)	0.0410 (0.1223)	-0.0109 (0.1305)	-0.8952 (0.5752)	-0.1945 (0.4951)	0.2973** (0.1232)
lngdp	0.1890 (0.2121)	0.2469 (0.1480)	0.2454* (0.1367)	0.3937** (0.1156)	-0.0182 (0.1979)	0.4781*** (0.1397)
ln$pgmc$	-0.0373 (0.1796)	-0.0080 (0.1336)	-0.0799 (0.1173)	-0.0306 (0.0759)	0.1037 (0.1518)	0.1045 (0.1784)
ln$pcor$	-0.0427 (0.1581)	-0.0259 (0.1559)	-0.0143 (0.1469)	-0.0966 (0.1067)	-0.1431 (0.2041)	-0.2001 (0.1794)
ln$pfdi$	0.0903 (0.0782)	0.0543 (0.0704)	0.0720 (0.0696)	0.1756 (0.0955)	0.1847 (0.1844)	-0.2761** (0.1207)
常数项	-3.3588** (1.4769)	-3.9394*** (1.2941)	-3.3703** (1.2930)	-5.2441** (1.6094)	-2.5961** (1.0380)	-5.5895*** (1.2656)
Obs.	266	266	266	72	90	104
Hansen 检验	0.868	0.899	0.892	1.000	1.000	1.000
AR（1）检验	0.000	0.000	0.000	0.029	0.011	0.054
AR（2）检验	0.005	0.024	0.005	0.148	0.041	0.154

另外，虽然整体上地方政府横向竞争促进了交通基础设施投资增长，但是在中央财政跨区域再分配对地方政府投资影响的过程中，地方政府横向竞争抑制了再分配起到的作用，不管是全国范围的数据，还是分地区的估计结果，均印证了地方政府横向竞争的这一作用。

我们重点关注中央政府财政跨区域配置的综合效应，表 9.5 的估计结果表明，财政收入净流出抑制了地方交通基础设施投资，而财政资金净流入有利于投资；引入净流量状态变量的交互项结果表明，净流出确实起到抑制作用。再看时间交互项的结果，中央财政跨区域配置的综合效应在 2002 年前后存在显著差异，2002 年之后，财政收入净流出的抑制效应更强，且这一效应存在显著地区差异，在中西部不发达地区，净流出的抑制效应更加显著。

表 9.5　财政收入净流量方程的估计结果

解释变量	全国	全国（$n=1$ 表示净流出）			全国（$n=1$ 表示净流入）		
ln$ptrinv$	0.7317*** (0.0408)	0.7319*** (0.0411)	0.7346*** (0.0418)	0.7181*** (0.0456)	0.7319*** (0.0411)	0.7300*** (0.0418)	0.7300*** (0.0403)
$frjll$	-0.4076 (0.2934)	-0.4097 (0.2902)	-0.6211** (0.3020)	-0.3920 (0.3111)	-0.4395 (0.2881)	-0.4305 (0.2757)	-0.4359 (0.2765)
$frjll×n$		-0.0298 (0.1600)			0.0298 (0.1599)		
$frjll×n×t$			-0.4689*** (0.1543)		0.0465 (0.1038)		
$frjll×n×t×dq$				-0.5131** (0.2350)			0.0277 (0.0479)
$frjll×$ln$pfdi$	0.0556 (0.0625)	0.0583 (0.0596)	0.1243* (0.0668)	0.0592 (0.0660)	0.0583 (0.0596)	0.0554 (0.0631)	0.0557 (0.0629)
lngdp	0.2283*** (0.0586)	0.2276*** (0.0582)	0.2764*** (0.0677)	0.2519*** (0.0595)	0.2276*** (0.0582)	0.2302*** (0.0599)	0.2300*** (0.0593)
ln$pgmc$	-0.0188 (0.0401)	-0.0201 (0.0416)	-0.0049 (0.0433)	0.0028 (0.0461)	-0.0201 (0.0416)	-0.0186 (0.0399)	-0.0191 (0.0399)
ln$pcor$	-0.1216* (0.0663)	-0.1236* (0.0683)	-0.1055* (0.0607)	-0.0662 (0.0724)	-0.1236* (0.0683)	-0.1240* (0.0669)	-0.1235* (0.0671)
ln$pfdi$	0.0130 (0.0293)	0.0139 (0.0286)	0.0028 (0.0325)	0.0051 (0.0360)	0.0139 (0.0286)	0.0141 (0.0292)	0.0143 (0.0293)
常数项	-2.2986*** (0.7097)	-2.2728*** (0.7331)	-2.8088*** (0.7603)	-2.8816*** (0.8239)	-2.2728*** (0.7331)	-2.3039*** (0.7107)	-2.3097*** (0.7083)
Obs.	446	446	446	446	446	446	446
Hansen 检验	1.000	1.000	1.000	1.000	1.000	1.000	1.000
AR（1）检验	0.000	0.000	0.000	0.000	0.000	0.000	0.000
AR（2）检验	0.525	0.527	0.873	0.417	0.527	0.569	0.581

　　以上是假定 $n=1$ 表示净流出的结果，为了更加清晰地展现财政收入净流入对投资影响随时间和地区变化的信息，我们使用同样的估计方法得到假定 $n=1$ 表示净流入的结果。估计结果表明，净流入对地方交通基础设施具有促进作用，但是这一影响并不显著。2002 年之后促进作用有所提升，但是依然不显著，相比发达地区，欠发达和不发达地区 2002 年之后的促进作用更大，但是结果同样不显著。

整体上地方政府横向竞争促进了交通基础设施投资增长，而且，就中央财政跨区域配置对地方政府交通基础设施投资影响的综合效应而言，地方政府横向竞争影响了财政净流出对投资的抑制作用，对地方政府交通基础设施投资产生促进作用。在控制变量中，人均 GDP 与官员腐败对于地方政府交通基础设施投资也具有显著影响，经济增长显著促进了地方投资交通基础设施，官员腐败则起到显著的抑制作用。

9.5　结论与建议

本章在央地财政关系测度框架中，引入地方政府的横向标尺竞争以获取纵向中央政府跨区域财政配置与横向地方政府竞争对地方政府交通基础设施投资行为激励的综合影响。研究发现：

(1)中央政府跨区域财政配置对地方政府投资激励的影响，主要表现为初次分配中的财政收入大规模集中对地方交通基础设施投资产生的显著负面影响，以及再分配转移支付不显著的促进作用。

(2)中央政府财政跨区域配置财政收入净流量的综合效应，主要表现为财政收入净流出对地方政府投资增长的显著抑制作用，以及财政收入净流入不显著的促进作用。

(3)整体上地方政府横向竞争促进了交通基础设施投资的增长，而在中央政府财政跨区域配置影响地方政府投资行为的过程中，地方政府的横向竞争均起到抑制作用。

本章的研究提供了中央跨区域财政配置作用于地方政府交通基础设施投资激励的一个经验证据。新一轮城镇化必将再次推动大范围的基础设施建设，而若要实现平衡发展的目标，合理布局交通基础设施投资就显得极为重要，中国财政体制的修正完善也应着眼于此，有的放矢。

第一，重视央地间财政收入的双向流动特征，从中央跨区域财政配置视角深入探究央地间"自下而上"及"自上而下"财政收入流动的差异化影响作用。已有研究从财政分权或转移支付视角，未能提供区域间交通基础设施投资差距的合理解释，主要缘由在于，相关研究在测度央地财政关系时并未考虑央地间财政收入的双向流动特征。本章以地方交通基础设施投资为例证，基于中央跨区域财政配置视角，给出央地财政关系的初次分配和再分配的差异化影响作用证据。因此，在央地财政关系的相关决策中，应特别重视央地间"自下而上"及"自上而下"财政收入流动存在的差异化影响。

第二，进一步深化改革央地间财政转移支付制度，保证中央通过财政再分配实现均衡区域间发展的预期目标。通过大规模跨区域转移支付并没有显著改善区域之间交通基础设施投资的差距，而初次分配中地方财政收入大规模集中于中央政府显著抑制了交通基础设施投资，中央财政转移支付制度未能发挥均衡区域间发展的预期作用，既有地方各级政府在具体实施过程中存在的各种分配不规范导致的层层结存、跑、冒、滴、漏等问题，也突出表现为各级政府间事权、财权划分的不明确、不合理。因此，应通过深化改革央地间财政转移支付制度，进一步完善事权与财权的合理划分，保证中央财政再分配效应的正常发挥。

第三，在央地财政关系的相关决策中，重视地方政府间横向竞争的显著影响作用。已有研究证实分权体制下地方政府"为增长而竞争"是地方交通基础设施投资扩张的主要作用因素。本章研究通过将地方政府间的竞争引入央地财政配置的影响过程中，证实地方政府之间的横向竞争通过直接和间接两种方式作用于交通基础设施投资，整体上地方政府横向竞争促进了交通基础设施投资的增长，而在中央政府财政跨区域配置影响地方政府投资行为的过程中，地方政府的横向竞争起到抑制作用。因此，平衡地区经济发展的财政制度设计，不能忽略地方政府间为政治绩效而进行标尺竞争的重要影响。

第 10 章　西部地区农村交通基础设施融资和建设策略

本章首先梳理和分析了中国西部 11 省(区、市)农村交通基础设施的融资政策，在此基础上结合前文的研究提出交通基础设施建设发展的政策构想。

10.1　农村交通基础设施融资现状概述

"三农"(农业、农村、农民)这一概念在 2005 年党的十六届五中全会上被正式提出，"三农"问题多年以来一直是中国经济发展中亟须解决的难题。2004—2018 年，中央已连续 15 年发布以"三农"为主题的中央一号文件，强调了"三农"问题在现阶段的"重中之重"的地位。这也间接表明"三农"问题是中国现阶段亟须解决的一大难题。"三农"问题密切关系着农民的福祉、经济的发展和社会的建设，是当前经济社会发展的短板。为此，中央和地方出台了一系列解决"三农"问题的政策措施，农村交通基础设施的建设是中央和地方有效解决"三农"问题的措施之一。例如，国务院于 2003 年要求加强农村基础设施建设，增加包括村道在内的小型基础设施的投入；2005 年《"十一五"规划纲要》中明确提出农村工作是全面建设小康社会的重难点，农村基础设施的建设纳入公共财政范围。"要想富，先修路"是众多国民的共识，普遍认为，农村经济落后一个重要的原因是农村交通基础设施发展滞后。

2003 年，浙江省"乡村康庄工程"的启动，是浙江农村交通基础设施发展的起点，也是全国性的农村交通基础设施建设即将加速的象征。到 2005 年底，县乡公路里程达到 147.57×10^4km。"十一五"期间，全国开启"村村通"公路的建设，"十一五"是农村交通基础设施发展最快的时期，年均新建农村交通基础设施的里程均在 10×10^4km 以上，农村新增的交通基础设施占全国新增交通基础设施的 80%～90%，到 2010 年末，农村交通基础设施(包括县道、乡道、村道)共有 350.66×10^4km。《"十二五"规划纲要》要求农村交通基础设施里程达 390×10^4km，对农村交通基础设施提出提高通畅度、通达度等新要求。可以说 2003 年以来，我国农村交通基础设施的覆盖面不断扩大，服务能力显著提高，但位居西部偏远落后地区的交通基础设施依然很薄弱，迫切需要进一步加强。同时，由于缺乏固定资金来源导致农村交通基础设施建设的资金筹集能力不足，资金缺乏必然制约交通基础设施建设进程，出现发展瓶颈。

10.2　农村交通基础设施融资政策梳理

10.2.1　农村公路建设资金来源政策

在中国实施交通基础相关政策文件中，明确规定农村公路建设资金来源的政策文件主要列举 4 份，按照这些文件颁布的时间顺序整理，见表 10.1。

表 10.1　农村公路建设资金来源政策文件

文件	发布文号	实施日期
《中华人民共和国公路法》	主席令 2005 年第 19 号	2004 年 8 月 28 日
《农村公路建设管理办法》	交通部令 2006 年第 3 号	2006 年 3 月 1 日
《中华人民共和国公路管理条例实施细则》	交通部令 2009 年第 3 号	2009 年 5 月 27 日
《关于"十二五"农村公路建设的指导意见》	交公路发 2011 年第 723 号	2011 年 12 月 5 日

注：2011 年 3 月 7 日中华人民共和国国务院令第 593 号公布《公路安全保护条例》，决定该《条例》自 2011 年 7 月 1 日起施行，并决定 1987 年 10 月 13 日国务院发布的《中华人民共和国公路管理条例》同时废止。

这 4 份文件有关农村公路建设资金来源条款出台的背景和条款内容归纳如下：

(1)农村公路建设资金来源政策出台背景。《中华人民共和国公路法》于 1997 年 7 月 3 日召开的第八届全国人民代表大会常务委员会第二十六次会议通过，先后进行了 5 次修正。《中华人民共和国公路法》第一次修正时，农村公路建设资金来源的有关条文有所变动，第二次至第五次修正时，该部分内容仍为第一次修正的内容。因此下面将只对《中华人民共和国公路法》出台时和第一次修正时的背景进行叙述。《中华人民共和国公路法》出台及修正时的背景见表 10.2。

表 10.2　《中华人民共和国公路法》资金筹集法律出台及修正时的背景

阶段	背景
出台	中国于 1950 年开始征收专用于公路建养管修的公路养路费，1984 年之前主要用于养护，1984 年之后费率提高部分主要用于公路建设；国发 1985 年第 50 号文件规定，自 1985 年 5 月 1 日起，由交通部门负责征收车辆购置附加费用，作为国家公路建设专项资金；海南省 1994 年 1 月 1 日开始试点公路收费，其对柴油车取消燃油附加费的改革在全国引起很大的反应；1996 年湖北省洪湖市汽车运输总公司向国务院指出养路费征收存在的弊端，受到国务院领导重视，为规范公路建设养护，使其有法律依据，中央出台了该法律

续表

阶段	背景
第一次修正	为深化和完善财税体制改革，规范政府行为，正确处理税费关系，提出了费改税的任务。国务院于 1998 年 10 月提交修改公路法相关规定的议案，要求创造相应法律环境，以便理顺税费关系，完善车辆收费管理体制，但由于对改革后如何防止增加农民负担和车辆用油以外的其他用油单位的争议大，该议案未获通过。国务院在 1999 年的《政府工作报告》中，提出逐步推进费改税任务。1999 年 10 月国务院再次提请审议修改公路法的提议，公路法因而得到修正

《农村公路建设管理办法》于 2006 年 1 月 26 日经第 2 次部务会议通过，自 2006 年 3 月 1 日起施行，于 2017 年 12 月 27 日经第 25 次部务会议进行修改，自 2018 年 6 月 1 日起施行。其出台及修改背景见表 10.3。

表 10.3 《农村公路建设管理办法》建设资金法律出台及其修改背景

阶段	背景
出台	2003 年，中央计划用 3 年时间实施农村公路改造工程，2005 要求必须加快对农村基础设施的建设，农村工作必须用新农村建设来统领。2003—2005 年，共完成县乡公路投资 3458.8 亿元，县乡公路总里程从 2003 年的 137.12×10^4km 增加到 2005 年的 147.57×10^4km，农村公路得到较快发展。但农村公路建设中，责任不明确、资金到位率低、地方配套资金匮乏等问题严重存在。《农村公路建设管理办法》正是为加强农村公路建设的管理，促进农村公路持续、健康发展，适应建设社会主义新农村需要，根据《中华人民共和国公路法》制定的
修改	2014 年 3 月 4 日，习近平总书记要求通过创新体制、完善政策，进一步把农村公路建好、管好、护好、运营好，逐步消除制约农村发展的交通瓶颈，为广大农民致富奔小康提供更好的保障。2017 年 9 月，总书记再次做出重要指示，指出"四好农村路"建设目标是总结成功经验提出的，需认真落实，久久为功。交通运输部深入贯彻落实，积极争取将多项农村公路政策写入中央一号文件和国务院相关文件，出台了部令《农村公路建设管理办法》《农村公路养护管理办法》等

《中华人民共和国公路管理条例实施细则》（国发[2008]37 号）文件出台的关于税费改革和成品油价格的通知，变革了交通税费制度，因而国务院对《中华人民共和国公路管理条例》进行了修改，根据《中华人民共和国公路管理条例》制定的《中华人民共和国公路管理条例实施细则》也就必须进行修改。

《关于"十二五"农村公路建设的指导意见》："十一五"是农村公路建设的高潮时期，到 2010 年末农村公路里程达到 350.66×10^4km，农村公路建设的筹资方式更加多元化，资金来源更加广泛，但资金不足仍是制约农村公路建设的主要因素，为使农村公路覆盖面更广，公路密度更加合理，解决贫困、偏远地区出行难题，促进其经济发展，交通部门制定了《关于"十二五"农村公路建设的指导意见》。

（2）农村公路建设资金来源政策内容。《中华人民共和国公路法》中关于公路融资部分原始条文和修改后条文的对比见表 10.4。

表 10.4　《中华人民共和国公路法》中关于公路融资的条文

原始条文	第二十一条第一款：筹集公路建设资金，除各级人民政府的财政拨款外，可以依照法律或者国务院有关规定征收用于公路建设的费用；还可以依法向国内外金融机构或者国外政府贷款
第一次修正后条文	第二十一条：筹集公路建设资金，除各级人民政府的财政拨款，包括依法征税筹集的公路建设专项资金转为的财政拨款外，可以依法向国内外金融机构或者外国政府贷款。国家鼓励国内外经济组织对公路建设进行投资
第二次修正后条文	条文同第一次修正后

注：依据《中华人民共和国公路法》《中华人民共和国国务院公报》及全国人大常委会关于修改《中华人民共和国公路法的决定》。

根据表 10.3 和表 10.4 可知，原始公路法中公路建设资金来源于行政事业性收费和征集政府性基金。公路法的第一次修改将政府依法收费方式转变为征税方式，开征新税种，保留少量必要规费，并将不体现政府行为的收费转变为经营性收费。

《中华人民共和国公路法》第二十一条还规定：开发、经营公路的公司可依照法律法规发行股票、债券来筹资；根据需要与可能，在坚持自愿原则，不强行摊派的前提下，可向企业和个人集资建设公路及采取符合法律或者国务院规定的其他方式筹集。

《中华人民共和国公路管理条例》第九条规定：公路建设可采用国家和地方投资、中外合资、社会集资、专用单位投资、贷款和车辆购置税、民工建勤、以工代赈和民办公助筹资方式。交通部根据此条例规定第十四条：县道建设主要采取地方投资和民工建勤筹资方式，用税费改革后形成的交通资金收入和国务院成品油价格给予补助；乡道建设主要由乡（镇）为主，或者以乡（镇）自办，地方财政给予补助；边远、贫困地区县道和乡道的建设，可实行以工代赈的办法。

《关于"十二五"农村公路建设的指导意见》第三部分政策措施中的第三条关于农村公路建设资金筹措的相关意见如下：完善以政府财政投入为主、多渠道筹资为辅以及社会各界参与的资金筹措机制；中央补助资金必须全额用于农村公路建设；加大中央支持力度、积极落实地方主体责任，同步加大财政投入；根据责权统一的原则，统筹项目计划与资金安排，实现财权、事权统一，权利、责任匹配；推动筹资方式多样化、资金多元化的体制机制，鼓励地方实行奖补结合的投资政策，充分利用补助资金的激励杠杆作用来调动地方的积极性[①]。

综合以上有关农村公路建设资金筹集问题的政策文件可以得出，中国农村公路建设资金筹集是以政府投资为主，社会参与为辅的多渠道、多元化融资模式，具有资金筹集范围不断扩大，资金筹措方式不断创新的发展趋势。

[①] 交通运输部.关于"十二五"农村公路建设的指导意见.http://www.chinahighway.com/news/2011/621991.php.

10.2.2　农村公路建设融资的典型政策

由于上述的农村公路建设资金来源政策只是宏观层面对农村公路建设资金筹措的指导性意见，因此，有必要对农村公路建设融资的典型政策进行深入分析，本节将针对一事一议财政奖补、以工代赈两个典型的政策进行梳理。

(1)"一事一议"财政奖补政策。"一事一议"财政奖补是指政府采取以奖代补、民办公助的方式补助村民按"一事一议"原则筹资筹劳开展的村内公益事业项目建设，坚持农民自愿出资出劳为基础，政府奖补资金为引导，民主抉择，筹补结合的原则①。"一事一议"财政奖补是农村税费改革后中央出台的惠农政策，农村税费改革前，农村公路建设资金主要来源于村提留、乡统筹，农村税费改革后，农村公路建设所需资金按"一事一议"原则筹集，逐步取消了村提留、乡统筹的资金。由于农民按"一事一议"原则筹集的资金不能满足村道建设资金需求，"一事一议"财政奖补政策的出台，有力地促进了村道的发展。

(2)以工代赈政策。《国家以工代赈管理办法》第二条明确以工代赈是指政府投资于基础设施建设工程，受赈济者通过参加工程的建设获取劳务报酬，以此取代直接救济，现阶段，以工代赈是一项农村扶贫政策，贫困农民参加国家安排的以工代赈投入建设的农村小型基础设施工程，获得劳务报酬，直接增加收入；第三条规定：国家以工代赈资金来源于中央预算内投资和中央财政预算内扶贫资金，地方各级以工代赈配套投入纳入地方本级财政预算；第四条规定：以工代赈投入向集中连片特殊困难地区倾斜；第五条规定：重点建设与农民脱贫致富和贫困地区经济发展相关的农村小型基础设施工程，包括县乡村公路、基本农田、农田水利、小流域治理、人畜饮水、草场建设等。

10.3　农村公路建设融资政策的影响

分别从农村公路建设资金来源政策、"一事一议"财政奖补政策及以奖代补政策 3 个方面分析农村公路建设融资政策的影响。

(1)农村公路建设资金来源政策的影响。《中华人民共和国公路法》《农村公路建设管理办法》等一系列政策对农村公路建设资金来源的规定，明确了农村公路建设资金的来源，使农村公路建设融资行为有政策依据，形成多渠道、多元化的农村公路建设融资模式，资金筹集范围不断扩大，资金筹措方式不断创新。例如，《农村公路建设管理办法》中鼓励农村公路建设资金来源于冠名权、绿化权和

---

① 中央政府门户网站.农村"一事一议"财政奖补试点将扩大至 27 个省份.http://www.gov.cn/jrzg/2010-02
　/09/content_1531880.htm.

路边资源开发权等方式筹集的社会资金，为农村公路建设融资提供了创新思路，山西省晋中市规定煤炭运销部门每年从原煤、焦炭的外销收入中每吨提取 2 元，各县从非煤矿产品开发的销售收入中每吨提取 1 元由当地政府统筹使用，专项用于当地农村公路的建设。同时，这一系列政策的出台有助于缓解农村公路建设资金缺乏的压力，加大农村公路建设资金投入，更快、更好地发展农村公路，促进新农村建设、推进城镇化，缩小城乡二元结构引起的城乡收入差距。

(2)"一事一议"财政奖补政策的影响。"一事一议"财政奖补政策创新了民办公助、以奖代补机制，形成了多元化的农村公路建设投入格局；搭建了为基层农民服务的崭新平台。坚持农民自愿出资出劳为基础，政府奖补资金为引导，民主抉择，筹补结合的原则，调动了农民参与农村公路建设的主动性，有助于充分利用村民资本投资与农村公路建设，促进了村道的建设发展速度。据统计，2008—2012 年，中央和地方财政共投入"一事一议"财政奖补资金 1697.8 亿元，带动农民和社会投入 4165.3 亿元，建成各类村级公益项目 135.9 万个，其中村内道路项目 66.24 万个，占 48.74%[①]。

(3)以工代赈政策的影响。"十一五"期间，中央用于以工代赈的投资达 247 亿元，连同地方，共投资 325 亿元，用于改善农村各项基础设施，其中修建县乡村道路超过 10 万千米[②]。

以工代赈把扶贫与公共事业建设有效地结合起来，具有建设性和赈济性，在保障受赈济贫困居民靠自己劳动获得一定的收入，缓解农村贫困，维持或改善贫困居民生计的同时，增加了农民的就业机会，缓解农民工大量返乡带来的就业压力，促进了农村公共基础设施的发展，加快了农村公路的建设，优化了村民出行条件，一切农村公路建设所带来的作用都能得到发挥。但需要认识到的是，以工代赈所带来的就业机会和收入缺乏长期持续性，不能从根本上解决该问题。

10.4　农村公路建设融资政策缺陷

农村公路建设融资政策存在融资成本高、地方配套资金的硬性要求易导致马太效应，以及缺乏固定资金来源，未形成以路建路的运行模式等问题。以下是对这 3 个问题的进一步分析。

(1)中国公路建设资金主要来源于国内贷款，2003—2012 年以来，国内贷款资金平均占公路建设资金的 38%。贷款资金属于有偿使用资金，其资金量大、成本

① 中央政府门户网站.全国"一事一议"财政奖补工作现场会在贵阳市召开.http://www.gov.cn/gzdt/2013-05/31/content_2416053.htm.
② 中央政府门户网站.发展改革委印发《以工代赈建设"十二五"规划》.http://www.gov.cn/gzdt/2012-06/07/content_2155660.htm.

高,用于贷款利息支付的金额巨大,本可以用于公路建设的资金被当作成本使用,并且债务负担使公路建设取得贷款融资受限制,难以得到银行流动性的支持。

(2)由于农村公路服务的对象主要是本村村民,因此可认为农村公路属于俱乐部公共产品。地方政府是农村公路建设的主体,地方农村公路建设的配套资金到位后,中央才会给予其财政补助。农村公路建设所需的资金量大,地方政府地方自筹资金占公路建设所需资金的比例大,高达 32%左右,因而要求地方的配套资金数额也大,致使其难以到位,严重影响农村公路建设。再者各地贫富程度不一,富裕地区地方配套资金筹措能力强于贫困地区,中央财政拨款也相对快,造成马太效应,即好的越来越好,差的越来越差。

(3)农村公路建设无固定资金来源,未形成以路建路的运行模式。即使《农村公路建设管理办法》鼓励农村公路建设资金利用冠名权、路边资源开发权等方式来筹集社会资金,但其带来的收入只是很小一部分,不能满足农村公路建养。鉴于当前"三农"问题的存在,中央出台的相关政策文件对农村公路建设投资的规定并未形成谁受益谁付费的原则,未充分利用已建成的公路进行融资,使农村公路建设市场化。

10.5 适量规模的农村交通基础设施投资和建设方案

10.5.1 对农村公路建设融资政策的思考

针对本章上述的梳理及提出的 3 个方面的问题,分别提出如下政策考虑:

(1)国家可以在控制风险和有相关法规或法律文件规制的前提下,允许采用地方政府通过合法程序直接向私人部门或民间贷款,并严格用于农村公路的建设。风险的控制可以通过严格限制其最高贷款数额,统一规定利息高于民间资本定期存款所获得的利息,同时又低于政府向银行贷款所需支付的利息,以此降低公路建设国内贷款成本。

(2)《中国农村扶贫开发纲要(2011−2020 年)》中规定中央财政新增部分扶贫资金主要用于连片特困地区,其公益性建设项目,取消县以下及西部地区连片特困地区配套资金,体现了国家对特困地区的重点扶持。为有效避免马太效应的产生,国家应借鉴上述规定,根据地方财力物力的不同,制定各地方不同的农村公路建设配套资金制度,形成东部、中部、西部梯形农村公路建设配套资金要求,使各地方均得到发展的同时,缩小区域性差异。

(3)可以考虑国家着手制定未来逐渐走向市场化的农村公路建设融资方式,提高用于农村公路建设资金的使用效率。可先从能为社会提供较有力服务的典型县道进行试点,逐渐推广到全国县道,再是乡道。

10.5.2　适量规模的农村交通基础设施建设构想

综合前文对交通基础设施的经济增长与收入不平等效应及形成机理、交通基础设施发生显著作用的门槛值区间、作用距离等分析,适宜且能切实增加农民收入、有利于城乡一体化发展、具有可操作性的交通基础设施投资与发展政策构想如下:

(1)鉴于农村道路对农民收入的作用强度受地理位置的影响,对于临近城市中那些距离相对较远的地区(在邻近区域中取远)或偏远地区中那些距离城市相对较近的地区(在偏远中取近)更为显著,且达到一定的路网密度和保持适度的农村就业人口是改善农村交通基础设施在多大程度上或能否增大农业资本增长率的重要影响因素的研究结论。因此,建议采用推进劳动力要素价格均等化进程和公共服务均等化等措施保持适度的农业从业人口,以提高农村交通基础设施的收入效应;对交通基础设施收入效应不佳的特别偏远地区,可以借助转移支付、整体搬迁等措施来提高其农民收入效应,进而减少农民贫困和缓解农村空巢化问题。

(2)从西部地区整体交通基础设施存量来看,西部地区农村交通基础设施整体尚未达到增收效应停滞的临界值,提高西部地区的有效路网密度对西部地区农民人均纯收入及其两大主要构成均具有显著的正向促进作用,可以继续通过提高西部地区农村路网密度等方式促进西部地区农民增收。要增加农业和农村的吸引力,西部地区整体的有效路网密度至少需要保持在 $4.336\mathrm{km}/10^3\mathrm{hm}^2$ 以上,要使农民的增收效应更佳,农村路网密度需要尽量保持在 $30.569\mathrm{km}/10^3\mathrm{hm}^2$ 以上。

(3)就西部地区交通基础设施投资(流量)层面,西部地区农村交通基础设施投资对农民人均纯收入及其两大主要构成只有微弱的正向促进作用,且交通基础设施投资对农民人均纯收入及其两大主要构成的影响有限,借助交通投资来促进农民短期增收的效果不明显,甚至可能会给西部某些地区的农民带来负担,进而对其增收产生负向作用。因此,在西部地区农村交通基础设施投资的问题上,需要关注西部地区不同省域农村交通基础设施的发展现状及其对农民收入结构的方向和强度,并结合各地区的土地资源特征、交通基础设施建设资金来源等因素考虑后再判断投资的必要性,进而制定出对西部地区农民增收有利的交通扶贫措施。

(4)西部地区农村交通基础设施的投入有助于缩小城乡收入差距,交通基础设施作用的发挥具有滞后性。同时,交通基础设施不仅能带动本地经济增长,而且对相邻地区也会产生促进作用。因此,通过提高交通基础设施的网络性和可达性,能够加强各地区的联系,促进地区间生产要素的流动与产业转移,降低农产品运输成本。

(5)通过大规模跨区域转移支付并没有显著改善区域之间交通基础设施投资之间的差距,而初次分配中地方财政收入大规模集中于中央政府显著地抑制了交通基础设施投资，在事权和财权的取向方面，财权层面的改革应是下一步财政体制改革的重点；地方政府之间的横向竞争通过直接和间接两种方式作用于交通基础设施投资，平衡地区经济发展的财政制度设计中，不能忽略地方政府间为政治绩效而进行标尺竞争的重要影响，需要财政体制与市场机制运行的互动相得益彰。中国农村公路建设资金以政府投资为主，社会参与为辅的多渠道、多元化融资模式，具有资金筹集范围不断扩大，资金筹措方式不断创新的发展趋势。考虑到西部地区农村交通基础设施投资可能会给西部某些地区的农民带来负担，进而对其增收产生负向作用，为有效避免马太效应的产生，财政支农应根据地方财力物力差异，制定相应的农村公路建设配套资金制度，形成东部、中部、西部梯形农村公路建设配套资金要求，使各地方均得到发展的同时，缩小区域性差异。

(6) 需注重提高西部地区农村交通基础设施水平和其他影响农民收入的因素间的协调配合，发挥合力促使农民收入水平提高。例如，同时加强西部地区城市的交通基础设施建设，促进西部地区城乡交通基础设施网络的一体化发展，强化农民的教育水平，增加农业从业人员的教育回报率，并以此吸引受教育水平较高的劳动力回流农村，通过改善农作物生产土地利用、促进农业机械的运用和其他农业技术进步等来不断提高农业技术水平，以及保持对农民合理的财政支出等，以保障农民收入的增加。

参 考 文 献

阿尔弗雷德·马歇尔. 1965. 经济学原理[M]. 廉运杰译. 北京: 商务印书馆.

安虎森. 2005. 空间经济学原理[M]. 北京: 经济科学出版社.

蔡昉, 杨涛. 2000. 城乡收入差距的政治经济学[J]. 中国社会科学, 4: 11-22.

陈静云. 2009. 区域综合交通网络通达性研究[D]. 北京: 北京交通大学.

陈硕, 高琳. 2012. 央地关系: 财政分权度量及作用机制再评估[J]. 管理世界, 6: 43-59.

陈乙酉, 付园元. 2014. 农民收入影响因素与对策: 一个文献综述[J]. 改革, 9: 67-72.

陈银娥, 刑乃千, 师文明. 2012. 农村基础设施投资对农民收入的影响——基于动态面板数据模型的经验研究[J]. 中南财经政法大学学报, 1: 97-103.

程名望, Yanhong J, 盖庆恩, 等. 2016. 中国农户收入不平等及其决定因素——基于微观农户数据的回归分解[J]. 经济学(季刊), 15(3): 1253-1274.

大卫·李嘉图. 2013. 政治经济学及赋税原理[M]. 周洁译. 北京: 华夏出版社.

邓蒙芝, 罗仁福, 张林秀. 2011. 道路基础设施建设与农村劳动力非农就业——基于 5 省 2000 个农户的调查[J]. 农业技术经济, 2: 4-11.

董艳梅, 朱英明. 2017. 新常态下交通对中国经济质量增长的贡献[J]. 北京交通大学学报(社会科学版), 16(1): 27-37.

杜能. 1986. 孤立国同农业和国民经济的关系[M]. 北京: 商务印书馆.

樊胜根, 张林秀, 张晓波. 2002. 中国农村公共投资在农村经济增长和反贫困中的作用[J]. 华南农业大学学报(社会科学版), 1(1): 1-13.

范从来, 张中锦. 2011. 分项收入不平等效应与收入结构的优化[J]. 金融研究, 1: 40-51.

范红忠, 李国平. 2003. 资本与人口流动及其外部性与地区经济差异[J]. 世界经济, 10: 50-61+80.

方红生, 张军. 2013. 攫取之手、援助之手与中国税收超 GDP 增长[J]. 经济研究, 3: 108-121.

付文林, 沈坤荣. 2012. 均等化转移支付与地方财政支出结构[J]. 经济研究, 5: 45-57.

傅勇. 2010. 财政分权、政府治理与非经济性公共物品供给[J]. 经济研究, 8: 4-15.

傅勇, 张晏. 2007. 中国式分权与财政支出结构偏向: 为增长而竞争的代价[J]. 管理世界, 3: 4-12.

高铁梅. 2009. 计量经济分析方法与建模[M]. 北京: 清华大学出版社.

郭金龙, 王宏伟. 2003. 中国区域间资本流动与区域经济差距研究[J]. 管理世界, 7: 45-58.

郭燕枝, 刘旭. 2011. 基于 Granger 因果检验和典型相关的农民收入影响因素研究[J]. 农业技术经济, 10: 92-97.

黄乾, 余玲铮, 魏下海. 2013. 交通基础设施能缩小城乡收入差距吗——基于中国数据的经验分析[J]. 河北大学学报(哲学社会科学版), 38(4): 44-52.

黄寿峰, 王艺明. 2012. 我国交通基础设施发展与经济增长的关系研究——基于非线性 Granger 因果检验[J]. 经济学家, 6: 28-34.

贾俊雪. 2011. 政府间财政收支责任安排与地方公共服务均等化: 实证研究[J]. 中国软科学, 12: 35-45.

鞠晴江, 庞敏. 2005. 基础设施对农村经济发展的作用机制分析[J]. 经济体制改革, 4: 89-92.

康继军, 郭蒙, 傅蕴英. 2014. 要想富, 先修路?——交通基础设施建设、交通运输业发展与贫困减少的实证研究[J]. 经济问题探索, 9: 41-46.

肯尼思·巴顿. 2001. 运输经济学 (第二版)[M]. 冯宗宪译. 上海: 商务印书馆.

李逢岳. 2013. 交通基础设施对区域经济的空间溢出效应研究——以浙江省为例[D]. 杭州: 浙江财经学院.

李海东. 2004. 高速公路经济论[D]. 成都: 四川大学.

李京晓, 张庆昌, 王向. 2012. 财政分权与投资偏好的地方政府行为——基于省级面板数据的实证研究[J]. 产业经济研究, 5: 72-79.

李静. 2013. 劳动力转移、资本深化与农业劳动生产率提高[J]. 云南财经大学学报, 3: 31-38.

李平, 王春晖, 于国才. 2011. 基础设施与经济发展的文献综述[J]. 世界经济, 5: 93-116.

李强, 郑江淮. 2012. 基础设施投资真的能促进经济增长吗?——基于基础设施投资 "挤出效应" 的实证分析[J]. 产业经济研究, 3: 50-58.

李森圣, 张宗益. 2015. 财政分权与地方交通基础设施投资激励——基于中央跨区域财政配置视角的分析[J]. 产业经济研究, 2: 100-110.

李实. 2003. 中国个人收入分配研究回顾与展望[J]. 经济学, 2(2): 379-404.

李永友, 沈玉平. 2010. 财政收入垂直分配关系及其均衡增长效应[J]. 中国社会科学, 6: 108-124.

林毅夫. 2000. 加强农村基础设施建设启动农村市场[J]. 农业经济问题, 13(7): 29-37.

林毅夫, 蔡昉, 李周. 1994. 对赶超战略的反思[J]. 战略与管理, 1(6): 1-12.

刘秉镰, 武鹏, 刘玉海. 2010. 交通基础设施与中国全要素生产率增长——基于省域数据的空间面板计量分析[J]. 中国工业经济, 3: 54-64.

刘伦武. 2006. 农业基础设施发展与农村经济增长的动态关系[J]. 财经科学, 10: 83-88.

刘明, 刘渝琳, 丁从明. 2013. 政府投资对区域经济发展的双门槛效应——基于对交通基础设施投资的分析[J]. 经济问题探索, 6: 21-31.

刘生龙, 胡鞍钢. 2010. 交通基础设施与经济增长: 中国区域差距的视角[J]. 中国工业经济, 4: 14-23.

刘生龙, 胡鞍钢. 2011. 交通基础设施与区域经济一体化[J]. 经济研究, 3: 73-84.

刘生龙, 周绍杰. 2011. 基础设施的可获得性与中国农村居民收入增长——基于静态和动态非平衡面板的回归结果[J]. 中国农村经济, 1: 27-36.

刘生龙, 郑世林. 2013. 交通基础设施跨区域的溢出效应研究——来自中国省级面板数据的实证证据[J]. 产业经济研究, 4: 59-69.

刘晓光, 张勋, 方文全. 2015. 基础设施的城乡收入分配效应: 基于劳动力转移的视角[J]. 世界经济, 3: 145-170.

陆铭, 陈钊. 2004. 城市化、城市倾向的经济政策与城乡收入差距[J]. 经济研究, 6: 50-58.

陆文聪, 余新平. 2013. 中国农业科技进步与农民收入增长[J]. 浙江大学学报(人文社会科学版), 43(4): 5-16.

罗东, 矫健. 2014. 国家财政支农资金对农民收入影响实证研究[J]. 农业经济问题, 35(12): 48-53.

罗能生, 彭郁. 2016. 交通基础设施建设有助于改善城乡收入公平吗?——基于省级空间面板数据的实证检验[J].

产业经济研究, 4: 100-110.

罗仁福, 张林秀, 赵启然, 等. 2011. 从农村公共基础设施变迁看未来农村公共投资方向[J]. 中国软科学, 9: 30-40.

罗斯托 W W. 2001. 经济成长的阶段: 非共产党宣言[M]. 郭熙保, 王松茂译. 北京: 中国社会科学出版社.

骆永民, 樊丽明. 2012. 中国农村基础设施增收效应的空间特征——基于空间相关性和空间异质性的实证研究[J]. 管理世界, 5: 71-87.

骆永民, 樊丽明. 2015. 土地: 农民增收的保障还是阻碍?[J]. 经济研究, 8: 146-161.

马伟, 王亚华, 刘生龙. 2012. 交通基础设施与中国人口迁移: 基于引力模型分析[J]. 中国软科学, 3: 69-77.

曼昆. 2009. 经济学原理（第四版）[M]. 梁小民译. 北京: 北京大学出版社.

毛圆圆, 李白. 2010. 农村交通基础设施投资对农民收入影响的区域比较——基于中国 30 个省区 1999—2008 年的面板数据分析[J]. 湖南农业大学学报(社会科学版), 11(6): 28-33.

潘文卿, 李子奈, 刘强. 2011. 中国产业间的技术溢出效应: 基于 35 个工业部门的经验研究[J]. 经济研究 (7): 18-29.

任俊生. 2002. 论准公共品的本质特征和范围变化[J]. 吉林大学社会科学学报, 5: 54-59.

任晓红. 2010. 交通基础设施、要素流动与制造业区位[D]. 重庆: 重庆大学.

任晓红, 但婷, 王春杨. 2018a. 农村交通基础设施对农村居民收入的门槛效应分析[J]. 经济问题, 5: 46-52+63.

任晓红, 但婷, 侯新烁. 2018b. 农村交通基础设施建设的农民增收效应研究——来自中国西部地区乡镇数据的证据[J]. 西部论坛, 28(05): 37-49.

任晓红, 徐彩睿, 任其亮, 但婷. 2018c. 交通基础设施收入效应的门槛值分析: 以西部 11 省区农村为例[J]. 交通运输系统工程与信息, 18(06): 28-34+54.

任晓红, 张宗益. 2013. 交通基础设施、要素流动与城乡收入差距[J]. 管理评论, 25(2): 51-59.

荣朝和. 2001. 关于运输业规模经济和范围经济问题的探讨[J]. 中国铁道科学, 22(4): 97-104.

宋英杰. 2013. 交通基础设施的经济集聚效应: 基于新经济地理理论的分析[D]. 济南: 山东大学.

孙久文, 叶裕民. 2010. 区域经济学教程. 第 2 版[M]. 北京: 中国人民大学出版社.

田卫民. 2012. 省域居民收入基尼系数测算及其变动趋势分析[J]. 经济科学, 2: 48-59.

童光荣, 李先玲. 2014. 交通基础设施对城乡收入差距影响研究——基于空间溢出效应视角[J]. 数量经济研究, 1: 82-95.

万广华, 周章跃, 陆迁. 2005. 中国农村收入不平等: 运用农户数据的回归分解[J]. 中国农村经济, 5: 4-11.

万广华, 张藕香, 伏润民. 2008. 1985~2002 年中国农村地区收入不平等: 趋势、起因和政策含义[J]. 中国农村经济, 3: 4-15.

万广华, 刘飞, 章元. 2014. 资产视角下的贫困脆弱性分解: 基于中国农户面板数据的经验分析[J]. 中国农村经济, 4: 4-19.

汪晨, 万广华, 曹晖. 2015. 中国城乡居民收入极化的趋势及其分解: 1988-2007 年[J]. 劳动经济研究, 3(05): 45-68.

王春超. 2011. 农村土地流转、劳动力资源配置与农民收入增长: 基于中国 17 省份农户调查的实证研究[J]. 农业技术经济, 1: 93-101.

王先进. 2004. 公路交通发展对可持续发展可能形成的压力[J]. 综合运输, 5: 21-24.

王小鲁, 樊纲. 2005. 中国收入差距的走势和影响因素分析[J]. 经济研究, 10: 24-36.

吴清华. 2014. 农村基础设施的农业生产效应研究[D]. 武汉: 华中农业大学.

西蒙·库兹涅茨. 1989. 现代经济增长: 速度、结构与扩展[M]. 北京: 北京经济学院出版社.

西蒙·库兹涅茨. 1999. 各国的经济增长: 总产值和生产结构[M]. 常勋 等译, 石景云校. 北京: 商务印书馆.

夏万军. 2008. 技术扩散与我国区域经济收敛性研究[D]. 北京: 首都经济贸易大学.

谢里, 李白, 张文波. 2012. 交通基础设施投资与居民收入——来自中国农村的经验证据[J]. 湖南大学学报 (社会科学版), 26 (1): 82-86.

辛岭, 王艳华. 2007. 农民受教育水平与农民收入关系的实证研究[J]. 中国农村经济, s1: 95-102.

徐科. 2007. 交通基础设施项目后评价研究[D]. 重庆: 重庆大学.

许春淑, 闫殊. 2017. 城乡义务教育均等化减贫效应及地区差异——基于30个省级动态面板数据 GMM 方法的实证研究[J]. 经济问题, 9: 6-12.

许召元, 李善同. 2008. 区域间劳动力迁移对地区差距的影响[J]. 经济学 (季刊), 8 (01): 53-76.

杨家文, 周一星. 1999. 通达性: 概念, 度量及应用[J]. 地理学与国土研究, 15 (2): 61-66.

姚影. 2009. 城市交通基础设施对城市集聚与扩展的影响机理研究[D]. 北京: 北京交通大学.

姚枝仲, 周素芳. 2003. 劳动力流动与地区差距[J]. 世界经济, 4: 35-44.

叶昌友, 王遐见. 2013. 交通基础设施、交通运输业与区域经济增长——基于省域数据的空间面板模型研究[J]. 产业经济研究, 2: 44-51.

叶锐, 王守坤. 2011. 公路交通基础设施与收入差距的理论与实证分析[J]. 长安大学学报 (社会科学版), 13 (4): 36-41.

尹恒, 龚六堂, 邹恒甫. 2005. 收入分配不平等与经济增长: 回到库兹涅茨假说[J]. 经济研究, 4: 17-22.

袁伟彦, 周小柯. 2015. 交通、教育与中国农村居民收入——基于省级面板数据的经验研究[J]. 当代经济管理, 37 (10): 7-14.

约瑟夫·熊彼特. 1990. 经济发展理论 (1) [M]. 何畏, 易家详译. 北京: 商务印书馆.

张芬. 2007. 中国的地区和城乡经济发展差异——从交通基础设施建设的角度来看[J]. 武汉大学学报 (哲学社会科学版), 60 (1): 25-30.

张军, 高远, 傅勇, 等. 2007. 中国为什么拥有了良好的基础设施?[J]. 经济研究, 3: 4-19.

张学良. 2007. 交通基础设施对中国经济增长的空间溢出效应研究[J]. 区域经济学, 32 (2): 45-52.

张学良. 2012. 中国交通基础设施促进了区域经济增长吗——兼论交通基础设施的空间溢出效应[J]. 中国社会科学, 3: 60-77.

张勋, 王旭, 万广华, 等. 2018. 交通基础设施促进经济增长的一个综合框架[J]. 经济研究, 53 (01): 50-64.

张宗益, 李森圣, 周靖祥. 2013. 公共交通基础设施投资挤占效应: 居民收入增长脆弱性视角[J]. 中国软科学, 10: 68-82.

周海波, 胡汉辉, 谢呈阳. 2017. 交通基础设施、产业布局与地区收入——基于中国省级面板数据的空间计量分析[J]. 经济问题探索, 2: 1-11.

周云波. 2009. 城市化、城乡差距以及全国居民总体收入差距的变动——收入差距倒 U 形假说的实证检验[J]. 经济学 (季刊), 8 (4): 1239-1256.

周祝平. 2008. 中国农村人口空心化及其挑战[J]. 人口研究, 32 (2): 45-52.

Aghion P, Bolton P. 1997. A theory of trickle-down growth and development[J]. The Review of Economic Studies, 64(2): 151-172.

Alberto A, Dani R. 1994. Distributive Politics and Economic Growth[J]. Quarterly Journal of Economics (2): 2.

Alesina A, Rodrik D. 1994. Distributive politics and economic growth[J]. The quarterly journal of economics, 109(2): 465-490.

Alonso W. 1964. Location and land use. Toward a general theory of land rent[J]. Economic Geography, 42(3): 11-26.

Aschauer D A. 1989. Is public expenditure productive?[J]. Journal of monetary economics, 23(2): 177-200.

Aschauer D A. 2000. Do states optimize? Public capital and economic growth[J]. Annals of Regional Science, 34(3): 343-363.

Baldwin R E, Martin P, Ottaviano G I P. 2001. Global Income Divergence, Trade, and Industrialization: The Geography of Growth Take-Offs[J]. Journal of Economic Growth, 6(1): 5-37.

Baldwin R, Forslid R, Martin P, et al. 2003. Economic Geography and Public Policy[M]. Princeton: Princeton University Press.

Balisacan A M, Pernia E M. 2003. probing beneath cross‐national averages: poverty, inequality, and growth in the Philippines[J]. Economics and research, 39(6): 16-27.

Balisacan A M, Pernia E M, Asra A. 2002. Revisiting growth and poverty reduction in Indonesia: What do subnational data show[J]. Economics and research, 25(7): 4-12.

Banerjee A V, Newman A F. 1993. Occupational Choice and the Process of Development[J]. Journal of Political Economy, 101(2): 274-298.

Banerjee A V, Duflo E, Qian N. 2012. On the Road: Access to Transportation Infrastructure and Economic Growth in China[J]. Social Science Electronic Publishing, 11(1): 1-53.

Banerjee A, Somanathan R. 2007. The political economy of public goods: Some evidence from India[J]. Journal of Development Economics, 82(2): 287-314.

Banister D, Berechman J. 2000. Transport investment and economic development[M]. London: U: CL Press.

Barro R J. 1990. Government spending in a simple model of endogeneous growth[J]. Journal of political economy, 98(5, Part 2): S103-S125.

Barro R. 1999. Does an Income Gap Put a Hex on Growth?[J]. Business Week.

Barro R, Sala-I-Martin Xavier. 1995. Economic Growth[M]. New York: McGraw-Hill.

Benjamin, Dwayne, Brandt, et al. 2005. The evolution of income inequality in rural china[J]. Modern Philology.

Berechman J, Ozbay K, Ozmen-Ertekin D. 2006. Empirical Analysis of Transportation Investment and Economic Development at State, Country and Municipality levels[J]. Transportation, 33(6): 537-551.

Boarnet M G. 1998. Spillovers and the Locational Effects of Public Infrastructure[J]. Journal of Regional Science, 38(3): 381-403.

Buchanan J M. 1965. An economic theory of clubs[J]. Economica, 32(125): 1-14.

Button K J. 2001. Cross-border traffic. in: handbook of transport systems and traffic control[M].

Calderón C, Chong A. 2004. Volume and quality of infrastructure and the distribution of income: an empirical investigation[J]. Review of Income and Wealth, 50(1): 87-106.

Castells A, Solé-Ollé A. 2005. The regional allocation of infrastructure investment: The role of equity, efficiency and political factors[J]. European Economic Review, 49(5): 1165-1205.

Chatterjee S, Turnovsky S J. 2012. Infrastructure and inequality[J]. European Economic Review, 56(8).

Chisari O, Estache A, Romero C. 1999. Winners and losers from the privatization and regulation of utilities: Lessons from a general equilibrium model of Argentina[J]. The World Bank Economic Review, 13(2): 357-378.

Cohen J P, Paul C M. 2007. The impacts of transportation infrastructure on property values: A higher‐order spatial econometrics approach[J]. Journal of Regional Science, 47(3): 457-478.

Crain W M, Oakley L K. 1995. The Politics of Infrastructure[J]. Journal of Law & Economics, 38(1): 1-17.

Damm, D, Lerman, S R Lerner-Lam, E, Young, J. 1980. Response of urban real estate values in anticipation of the washington metro. Journal of Transport Economics & Policy, 14(3): 315-336.

De Ferranti D, Perry G E, Ferreira F, et al. 2004. Inequality in Latin America: Breaking with History?[M]. The World Bank.

Démurger S. 2001. Infrastructure development and economic growth: an explanation for regional disparities in China?[J]. Journal of Comparative economics, 29(1): 95-117.

Deng T, Shao S, Yang L, et al. 2014. Has the transport-led economic growth effect reached a peak in China? A panel threshold regression approach[J]. Transportation, 41(3): 567-587.

Denison E F. 1962. The sources of economic growth in the United States and the alternatives before us [M]. New York: Committee for Economic Development.

Diego P. 2006. Can Regional policies affect growth and geography in Europe[J]. World Economy, 21(6): 757-774.

Douglas H E. 1995. Spatial Productivity Spillovers from Public Infrastructure: Evidence from State Highways[J]. Inter-national Tax and Public Finance, 2: 459-468.

Estache A. 2003. On Latin America's Infrastructure Privatization and Its Distributional Effects[J]. Social Science Electronic Publishing.

Estache A, Gomez-Lobo A, Leipziger D M. 2000. Utility privatization and the needs of the poor in Latin America: have we learned enough to get it right?[M]. Washington: World Bank Publications.

Estache A, Foster V, Wodon Q. 2002. Accounting for Poverty in Infrastructure Reform: Learning from Latin America's Experience[M]. Washington: World Bank Publications.

Esteller A, Solé A. 2005. Does decentralization improve the efficiency in the allocation of public investment? evidence from Spain[J]. Working Papers.

Evans A W. 1973. The economics of residential location[J]. Economica, 42(167): 340.

Eyraud L, Lusinyan L. 2013. Vertical fiscal imbalances and fiscal performance in advanced economies[J]. Journal of Monetary Economics, 60(5): 571-587.

Fan S, Zhang X. 2004. Infrastructure and regional economic development in rural China[J]. China Economic Review, 15(2): 203-214.

Fan S, Zhang L, Zhang X. 2002. Growth, inequality, and poverty in rural China: The role of public investments[R].

International Food Policy Research Institute (IFPRI): 417-419.

Fetter F A. 1924. The economic law of market area [J]. Quarterly Journal of Economics, 34: 520-529.

Galor O, Moav O. 2004. From physical to human capital accumulation: inequality and the process of development[J]. Review of Economic Studies, 71 (4): 1001-1026.

Galor O, Zeira J. 1993. Income Distribution and Macroeconomics[J]. Review of Economic Studies, 60 (1): 35-52.

Gibson J, Rozelle S. 2003. Poverty and access to roads in papua new guinea[J]. Economic Development and Cultural Change.

Grilliches Z. 1979. Issues in Assessing t he Contribution of Research and Development to Productivity Growth[J]. Bell Journal of Economics, 10 (1): 92-116.

Grossman H I. 1991. A general equilibrium model of insurrections[J]. The American Economic Review: 912-921.

Gu W, Macdonald R. 2009 (2008021e). The Impact of Public Infrastructure on Canadian Multifactor Productivity Estimates[J]. Social Science Electronic Publishing.

Haig R M. 1926. Toward an understanding of the metropolis: II. The assignment of activities to areas in urban regions. Quarterly Journal of Economics, 40 (3): 402.

Hansen B E. 2010. Sample Splitting and Threshold Estimation[J]. Econometrica, 68 (3): 575-603.

Hansen W G. 1959. How Accessibility Shapes Land Use[J]. Journal of the American Institute of Planners, 25: 73-76.

Hayter R. 1997. The Dynamics of Industrial Location: The Factory, the Firm and the Production System[M]. England: John Wiley & Sons Ltd.

Henderson V. 2002. Urbanization in developing countries[J]. The World Bank Research Observer, 17 (1): 89-112.

Hirschman A O. 1958. The strategy of economic development[M]. New Haven: Yale university press.

Holl A. 2004. Transport infrastructure, agglomeration economies, and firm birth: empirical evidence from Portugal[J]. Journal of Regional Sciencet, 44 (4): 693-712.

Holtz-Eakin D. 1988. Testing for individual effects in autoregressive models[J]. Journal of Econometrics, 39 (3): 297-307.

Holtz-Eakin D, Schwartz A E. 1995. Spatial productivity spillovers from public infrastructure: Evidence from state highways[J]. International Tax & Public Finance, 2 (3): 459-468.

Hsieh, Chang-Tai. 1999. Productivity Growth and Factor Prices in East Asia[J]. American Economic Review, 89 (2): 133-138.

Hulten C R, Schwab R M. 1991. Public capital formation and the growth of regional manufacturing industries[J]. National Tax Journal, 44 (4): 121-134.

Hulten C R, Schwab R M. 2000. Does infrastructure investment increase the productivity of manufacturing industry in the US?[J]. Econometrics and the Cost of Capital, Cambridge, MA: MIT Press: 143-164.

Hulten C R, Bennathan E, Srinivason S. 2006. Infrastructure, Externalities, and Economic Development: A Study of the Indian Manufacturing Industry [J]. The World Bank Economic Review, 20 (2): 291-308.

Jacoby H G. 2000. Access to markets and the benefits of rural roads[J]. The Economic Journal, 110 (465): 713-737.

Johnston R J. 1994. Dictionary of human geography, 3 rd edition[M]. Oxford: Basil Blackwell.

Jorgenson D W, Grillches Z. 1967. The explanation of productivity change[J]. Review of Economic Studies, 34 (3): 249-283.

Kaldor N. 1955. The concept of income in economic theory[J]. An Expenditure Tax.

Kappeler A, Väliläb T. 2008. Fiscal federalism and the composition of public investment in Europe [J]. European Journal of Political Economy, 24 (3): 562-570.

Kappeler A S. Albert S and T Anderas. 2013. Does fiscal decentralization foster regional investment in productive infrastructure[J]. European Journal of Political Economy, 31: 15-25.

Keller W. 2002. Geographic Localization of International Technology Diffusion[J]. American Economic Review, 92 (1): 120-142.

Kemmerling A. Stephan A, 2002. The Contribution of Local Public Infrastructure to Private Productivity and its Political Economy: Evidence from a Panel of Large German Cities[J]. Public Choice, 113 (3/4): 403-424.

Kemmerling A. Stephan A, 2008. The politico-economic determinants and productivity effects of regional transport investment Europe[C]European Investment Bank, Economics Department: págs: 36-60.

Kenneth Button. 2002. 运输经济学[M]. 商务印书馆.

Krugman P. 1991. Increasing returns and economic geography[J]. Journal of political economy, 99 (3): 483-499.

Kuznets S. 1955. Economic Growth and Income Inequality[J]. American Economic Review, 45 (1): 1-28.

Lambrinidis M, Psycharis Y, Rovolis A. 2005. Regional allocation of public infrastructure investment: The case of Greece[J]. Regional Studies, 39 (9): 1231-1244.

Leipziger D, Fay M, Wodon Q, et al. 2003. Achieving the millennium development goals: the role of infrastructure[J]. World Bank Policy Research Working Paper.

Levine R. 2005. Finance and growth: theory and evidence[J]. Handbook of economic growth, 1: 865-934.

Lopez R. 2004. Income inequality and self-rated health in us metropolitan areas: a multi-level analysis[J]. Social ence & Medicine, 59 (12): 2409-2419.

Lucas Jr R E. 1988. On the mechanics of economic development[J]. Journal of monetary economics, 22 (1): 3-42.

Macdonald R. 2008. An examination of public capital's role in production[J]. Economic Analysis Research Paper.

Malisz B. 1963. Ekonomika kształtowania miast (The economics development of cites) [M]. Polska Akademia Nauk. Komitet Przestrzennego Zagospodarowania Kraju.

Martin P, Ottaviano GIP. 1999. Growing locations: Industry location in a model of endogenous growth[J]. European Economic Review, 43 (2): 281-302.

McKinnon, A. 1989. Physical distribution systems [M]. London: Routledge.

Mejía D, St-Pierre M. 2008. Unequal opportunities and human capital formation[J]. Journal of Development Economics, 86 (2): 395-413.

Monastiriotis V, Psycharis Y. 2014. Between equity, efficiency and redistribution: An analysis of revealed allocation criteria of regional public investment in Greece[J]. European Urban & Regional Studies, 21 (4): 445-462.

Moses L N. 1962. Towards a theory of intraurban wage differentials and their influence on travel patterns[J]. Papers in Regional Science, 9 (1): 53-63.

Murphy K M, Shleifer A, Vishny R. 1989. Income distribution, market size, and industrialization[J]. The Quarterly Journal of Economics, 104 (3): 537-564.

Newbery D M. 1990. Pricing and congestion: economic principles relevant to pricing roads [J]. Oxford Review of Economic Policy, 6(2): 22-38.

Nishimizu M, Hulten C R. 1978. The sources of Japanese economic growth: 1955-71[J]. The Review of Economics and Statistics: 351-361.

Pasinetti L L. 1962. Rate of profit and income distribution in relation to the rate of economic growth[J]. The Review of Economic Studies, 29(4): 267-279.

Patricia C, Melo, Daniel J, et al. 2008. Firm Formation and Transport Infrastructure: A Study of Portugal[C]. Washington: Transportation Research Board 87th Annual Meeting.

Pirie G H. 1979. Measuring accessibility: a review and proposal[J]. Environment and Planning A, 11(3): 299-312.

Rappaport A. 2005. The economics of short-term performance obsession. Financial Analysts Journal, 61(3): 65-79.

Raychaudhuri A, De P. 2010. Trade, infrastruture and income inequality in selected asian countries: an empirical analysis[J]. Working Papers.

Rees A, Shultz G P. 1970. Workers and Wages in an Urban Labour Market [M], Chicago, Chicago University Press.

Robinson S. 1976. Toward an adequate long-run model of income distribution and economic development[J]. American Economic Review, 66 (2): 122-27.

Romer P M. 1986. Increasing returns and long-run growth[J]. Journal of political economy, 94(5): 1002-1037.

Rosenstein-Rodan P N. 1943. The problems of industrialization of eastern and south-eastern Europe[J]. The Economic Journal, 53: 202-211.

Segal Martin. 1960. Wages in the Metropolis, Cambridge, Mass[J]. Harvard University Press.

Serven L, Calderon C. 2004. The Effects of Infrastructure Development on Growth and Income Distribution[J]. Annals of Economics and Finance, 15(2).

Shioji E. 2001. Public Capital and Economic Growth: A Convergence Approach[J]. Journal of Economic Growth, 6: 205-227.

Smith A. 1776. An Inquiry into the Nature and Causes of the Wealth of Nations[M]. New York: Random House.

Smith M P. 2000. Transnational Urbanism : Locating Globalization[M]. Blackwell Publishers.

Solow R M. 1956. A contribution to the theory of economic growth[J]. Quarterly Journal of Economics, 70(1): 65-94.

Stafford H A. 1985. Environmental protection and industrial location[J]. Annals of the Association of American Geographers 75(2), 227-240.

Stéphane Straub. 2011. Infrastructure and Development: A Critical Appraisal of the Macro-level Literature[J]. Journal of Development Studies, 47(5): 683-708.

Straszheim M R. 1972. Researching the Role of Transportation in Regional Development[J]. Land Economics, 48(3): 212-219.

Taylor A M, Williamson J G. 1997. Convergence in the age of mass migration[J]. European Review of Economic History, 1(1): 27-63.

Van J, Ruijgrok C J. 1974. Modal choice in freight transport[J]. in EJ Visser (ed.). Transport Decisions in an Age of Uncertainty.

Weber. 1929. TheTheory of the Location of Industries [M]. Chicago: Chicago University Press.

Whalley J, Zhang S. 2007. A numerical simulation analysis of（hukou）labour mobility restrictions in china[J]. Journal of Development Economics, 83（2）: 392-410.

World Bank. 1994. The World Bank annual report 1994. Washington DC; World Bank.

Young A. 1928. Increasing returns and economic progress[J]. The Economic Journal, 38: 527-542.

Young A. 1995. The Tyranny of Numbers: Confronting the Statistical Realities of the East Asian Growth Experience[J]. The Quarterly Journal of Economics, 110（3）: 641-680.

Zheng X, Li F, Song S, et al. 2013. Central government's infrastructure investment across Chinese regions: A dynamic spatial panel data approach[J]. China Economic Review, 27（27）: 264-276.